이요 이요

일본어

1

저자
정의상
이세호
노자키 모모코

시사일본어사

머리말

일본어는 한국어와 어순 등 언어 구조적으로 유사한 점이 많아 다른 외국어에 비해 누구나 쉽게 시작할 수 있다는 장점이 있습니다. 그러나 외국어를 처음 배우고자 할 때 어떠한 방식으로 공부하느냐에 따라 학습 효과 및 결과는 상당히 달라집니다. 본 교재는 실생활 기초 회화에 도움이 될 수 있도록 일본 현지에서 경험할 수 있는 다양한 테마를 중심으로 다루었습니다. 또한 일본어 학습에 있어서 반드시 필요한 문화 항목을 일상생활 문화와 여행지별 일본 음식으로 나누어 흥미롭게 학습할 수 있도록 하였습니다.

『이요이요 일본어』는 총 10과로 구성된 일본어 입문서로, 각 과마다 〈문법 체크1〉, 〈회화1〉, 〈문형 연습1〉, 〈일본 문화 이야기〉, 〈문법 체크2〉, 〈회화2〉, 〈문형 연습2〉, 〈연습 문제〉, 〈일본 여행지 음식〉 파트가 있습니다.

〈문법 체크〉에서는 회화 장면에 나오는 문법과 문형에 대한 선행 학습을 할 수 있도록 하였으며 〈회화〉에서는 한국인이 일본에서 겪을 수 있는 다양한 일상생활의 내용을 다루었습니다. 〈문형 연습〉에서는 문법 체크와 회화에서 나온 문형 등을 토대로 새로운 단어를 활용하여 학습자들이 복습할 수 있도록 하였습니다. 또한 〈일본 문화 이야기〉에서는 한일간의 문화적인 차이나 다양한 일본 문화에 대해서 다루었으며, 〈연습 문제〉에서는 앞에서 학습한 내용을 종합적으로 복습할 수 있도록 하였습니다. 〈일본 여행지 음식〉에서는 일본의 지역별 음식과 유래, 먹는 방법을 소개하였습니다. 마지막으로 〈연습 플러스〉와 〈미니 테스트〉 코너를 마련하여 학습에 도움이 될 수 있도록 하였습니다.

본 교재를 통해 입문 과정을 마친 학습자 여러분이 초급 단계 일본어 학습에 필요한 문형, 문법, 어휘, 회화를 효과적이고 체계적으로 학습함과 동시에 필수적인 문화 관련 정보를 습득하여, 이를 토대로 일본어로 실전 회화를 할 수 있는 기초적인 능력을 키우는 계기가 되기를 바랍니다.

본 교재를 만드는 데 애써 주신 시사북스 모든 분들에게 깊은 감사드립니다.

저자 일동

책의 구성 및 활용법

각 과의 도입부 학습할 내용을 미리 확인해 봅시다.

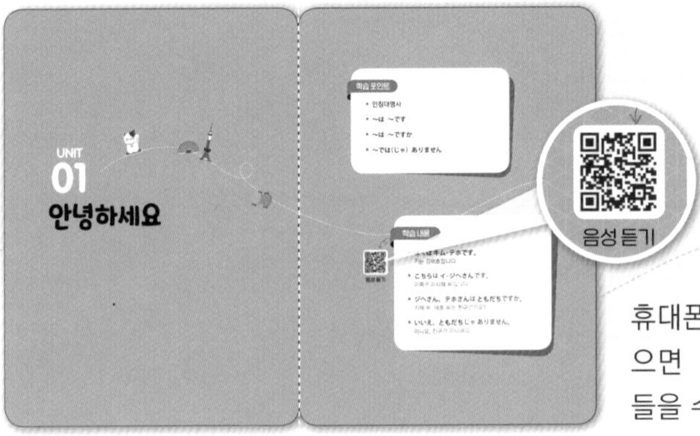

휴대폰으로 QR을 찍으면 원어민 음성을 들을 수 있습니다.

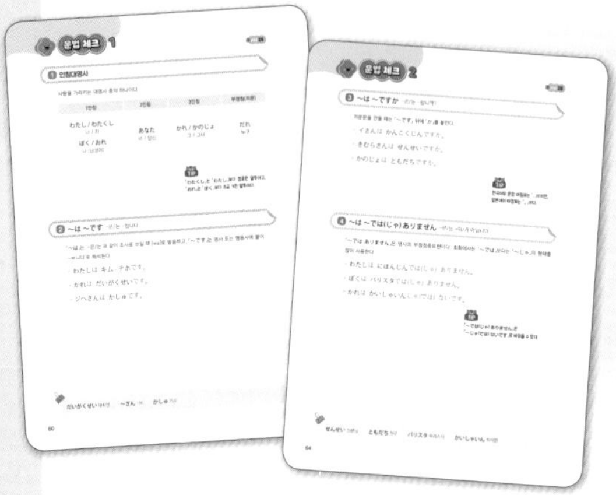

문법 체크

회화에 들어가기 앞서 주요 문법 및 문형을 익혀 봅시다.

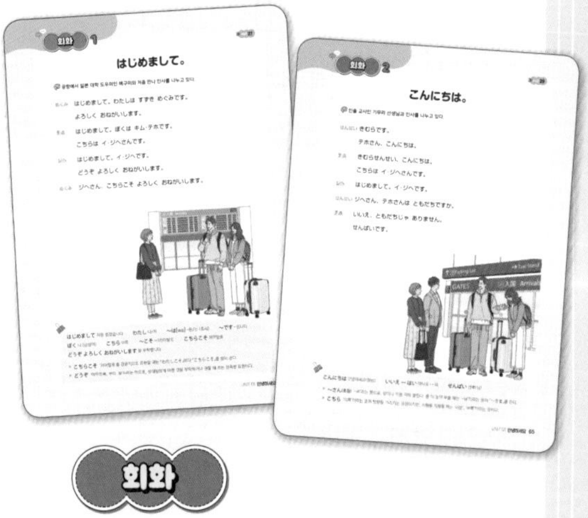

회화

학습한 문법·문형이 일상 대화 속에서 어떻게 사용되는지 살펴봅시다.

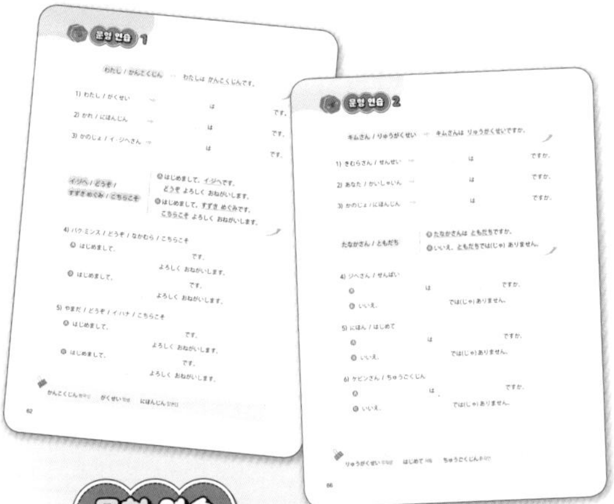

문형 연습

문법 체크와 회화에서 나온 문형을 토대로 응용 표현을 연습해 봅시다.

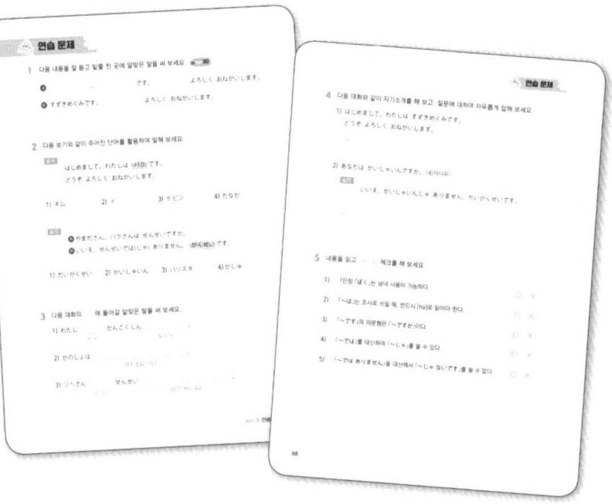

연습 문제

학습한 내용을 종합적으로
복습해 봅시다.

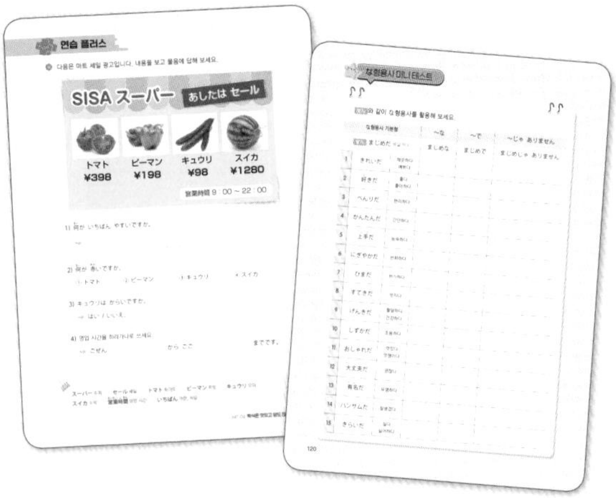

연습 플러스

미니 테스트

읽기·쓰기 문제를 통해
보충 학습을 해 봅시다.

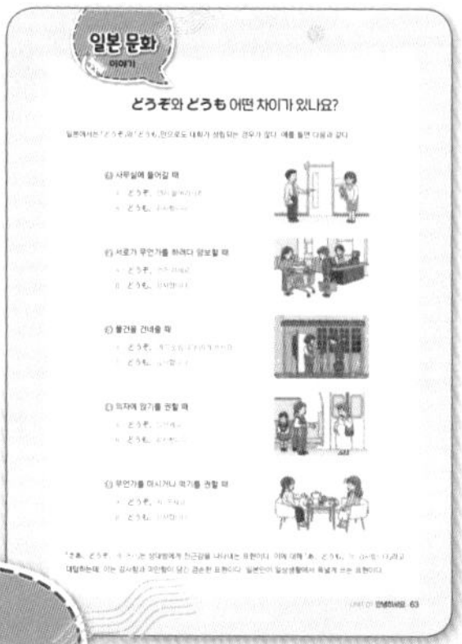

일본 문화 이야기

일상생활 전반의 다양한
문화를 확인해 봅시다.

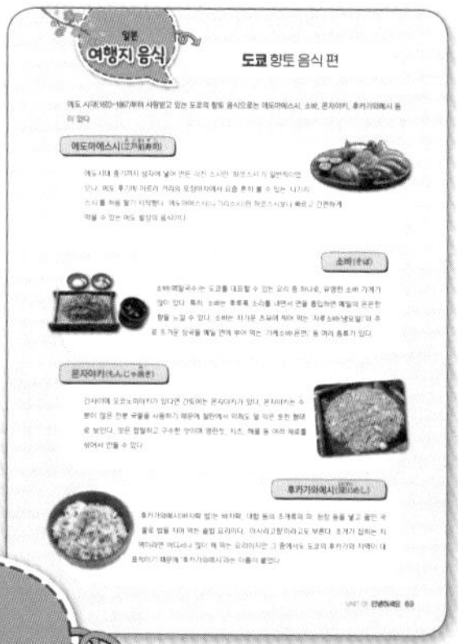

일본 여행지 음식

일본의 지역별 음식 문화를
살펴봅시다.

일러두기

〈일본 여행지 음식〉에 소개되는 음식 이름은
'외래어 표기법'을 따르지 않고, 실제 일본어
발음과 유사하게 표기했습니다.

학습 구성표

UNIT	학습 구성	
Warm-up	• 일본어 문자 • 일본어 발음	• 다양한 인사 표현
01	안녕하세요	
	• 인칭대명사 • ～は ～です	• ～は ～ですか • ～では (じゃ) ありません
02	어떻게 가면 될까요?	
	• これ · それ · あれ · どれ (こそあど-1) • 명사 + の + 명사 • 명사 + も • この · その · あの · どの (こそあど-2) • 명사 + で	
03	내 방은 몇 층인가요?	
	• 숫자 / 시간 표현 • ～から ～まで • 요일 / 시제 / 시간의 분(分) 표현	• 명사 + でした • 위치 표현 (상하 / 전후 / 좌우)
04	학식은 맛있고 양도 많아요	
	• い형용사의 기본형 및 명사 수식형 • い형용사의 정중한 긍정표현	• い형용사의 정중한 부정표현 • い형용사의 연결형 (て형)

목차

등장인물

태호

일본으로 유학 간 한국인 대학생,
지혜의 선배

지혜

일본으로 유학 간 한국인 대학생

메구미

태호와 지혜의 대학 생활을 돕는
일본인 대학생

기무라 선생님

태호, 지혜, 메구미의 대학교 지도 교수

케빈

태호의 룸메이트

Warm-up
일본어 문자와 발음

학습 포인트

- 일본어 문자
- 일본어 발음
- 다양한 인사 표현

학습 내용

음성 듣기

- 문자: 히라가나, 가타카나
- 발음: 청음, 탁음, 반탁음, 요음, 촉음,
  장음, 발음(撥音), 악센트와 억양
- 인사: 만남, 헤어짐, 취침, 식사, 감사,
  사과, 축하, 외출, 귀가, 접객

일본어 문자와 발음 - 히라가나

일본어 시작은 히라가나부터!

일본어를 익히려면 50음도표부터 외워야 한다. 50음도표이긴 하지만 실제 사용되지 않는 것을 빼면 46자이다. 단(あ · い · う · え · お)은 모음, 행(あ · か · さ · た · な…)은 자음이라고 생각하면 된다.

mp3 01

행 \ 단	あ	い	う	え	お
あ	あ a	い i	う u	え e	お o
か	か ka	き ki	く ku	け ke	こ ko
さ	さ sa	し shi	す su	せ se	そ so
た	た ta	ち chi	つ tsu	て te	と to
な	な na	に ni	ぬ nu	ね ne	の no
は	は ha	ひ hi	ふ fu	へ he	ほ ho
ま	ま ma	み mi	む mu	め me	も mo
や	や ya		ゆ yu		よ yo
ら	ら ra	り ri	る ru	れ re	ろ ro
わ	わ wa				を o
	ん n				

외래어는 가타카나로!

일본인들은 외래어를 많이 쓴다. 그 외래어를 표기하는 글자가 바로 가타카나이다. 가타카나만 읽을 줄 알아도 일본 잡지며 거리 간판의 반 이상은 이해할 수 있다. 또, 의성어 · 의태어와 강조하고 싶은 말 등에도 가타카나를 쓰기 때문에 히라가나와 함께 꼭 외워 두어야 한다.

mp3 02

행 \ 단	ア		イ		ウ		エ		オ	
ア	ア	a	イ	i	ウ	u	エ	e	オ	o
カ	カ	ka	キ	ki	ク	ku	ケ	ke	コ	ko
サ	サ	sa	シ	shi	ス	su	セ	se	ソ	so
タ	タ	ta	チ	chi	ツ	tsu	テ	te	ト	to
ナ	ナ	na	ニ	ni	ヌ	nu	ネ	ne	ノ	no
ハ	ハ	ha	ヒ	hi	フ	fu	ヘ	he	ホ	ho
マ	マ	ma	ミ	mi	ム	mu	メ	me	モ	mo
ヤ	ヤ	ya			ユ	yu			ヨ	yo
ラ	ラ	ra	リ	ri	ル	ru	レ	re	ロ	ro
ワ	ワ	wa							ヲ	o
	ン	n								

일본어 문자와 발음 - 청음

'청음'은 맑은 소리라는 뜻으로, 탁점이나 반탁점이 없는 글자를 말한다.
앞의 50음도에 있는 글자 그대로 읽히는 글자이다. 한 글자씩 자세히 익혀 보자.

あ행 ア행

일본어의 기본 모음이며, 한국어의 '아 · 이 · 우 · 에 · 오' 발음과 비슷하다.
단,「う」발음에 주의하자. '우'와 '으'의 중간 발음이다.

mp3 03

あ [a]

あい
사랑

い [i]

いす
의자

う [u]

うた
노래

え [e]

え
그림

お [o]

おう
왕

ア [a]

アイスクリーム
아이스크림

イ [i]

イギリス
영국

ウ [u]

ウイスキー
위스키

エ [e]

エレベーター
엘리베이터

オ [o]

オムライス
오므라이스

か행 カ행

한국어의 'ㄱ'과 'ㅋ'의 중간 발음이지만, 단어의 첫 글자로 나올 때는 'ㅋ'에 가깝게, 단어 중간이나 끝에 올 때는 'ㄲ'로 읽는 것이 일본어 발음에 가깝다.

mp3 04

か [ka]

かばん
가방

き [ki]

き
나무

く [ku]

くも
구름

け [ke]

けいたい
휴대전화

こ [ko]

こえ
목소리

カ [ka]

カーテン
커튼

キ [ki]

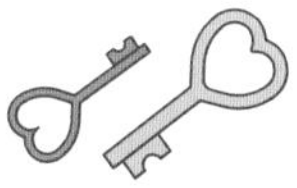

キー
열쇠

ク [ku]

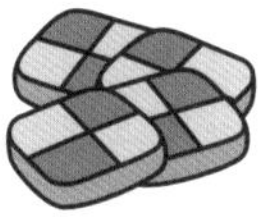

クッキー
쿠키

ケ [ke]

ケーキ
케이크

コ [ko]

コート
코트

일본어 문자와 발음 - 청음

さ 행 **サ** 행

한국어의 '사 · 시 · 스 · 세 · 소' 발음과 비슷하다. 단, 「**す**」 발음에 주의하자.
'스'와 '수'의 중간 발음이다.

mp3 05

さ [sa]

あさ
아침

し [shi]

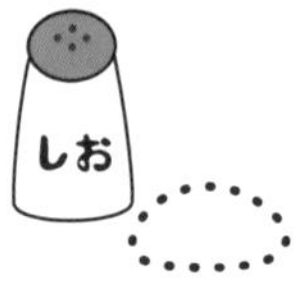

しお
소금

す [su]

すし
초밥

せ [se]

せんせい
선생님

そ [so]

そら
하늘

サ [sa]

サッカー
축구

シ [shi]

シャツ
셔츠

ス [su]

スイッチ
스위치

セ [se]

セーター
스웨터

ソ [so]

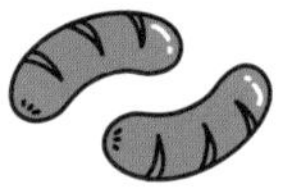

ソーセージ
소세지

た행 タ행

한국어의 '타 · 치 · 츠 · 테 · 토' 발음과 비슷하다. 「**ち**」와 「**つ**」는 우리말의 '치'와 '츠'에 가깝다. 또, 「**た** · **て** · **と**」는 단어의 첫 글자로 나올 때는 'ㅌ'에 가깝게, 단어 중간이나 끝에 올 때는 'ㄸ'에 가깝게 발음한다.

mp3 06

た [ta]

たこ
문어

ち [chi]

ちち
아버지

つ [tsu]

くつ
구두, 신발

て [te]

て
손

と [to]

とけい
시계

タ [ta]

タクシー
택시

チ [chi]

チキン
치킨

ツ [tsu]

ツアー
투어

テ [te]

テレビ
텔레비전

ト [to]

トマト
토마토

な행 ナ행

한국어의 '나 · 니 · 누 · 네 · 노' 발음과 비슷하다. 단, 「ぬ」발음에 주의하자.
'누'와' '느'의 중간 발음이다.

mp3 07

な [na]

なす
가지

に [ni]

かに
게

ぬ [nu]

いぬ
개

ね [ne]

ねこ
고양이

の [no]

のり
풀

ナ [na]

ナイフ
나이프

ニ [ni]

テニス
테니스

ヌ [nu]

カヌー
카누

ネ [ne]

ネクタイ
넥타이

ノ [no]

ノート
노트

は행 ハ행

한국어의 '하 · 히 · 후 · 헤 · 호' 발음과 비슷하다. 「ひ」는 입술을 옆으로 당겨 발음하고, 「ふ」를 발음할 때는 입술을 너무 둥글리지 말고 약간 평평한 상태에서 소리를 낸다.

mp3 08

は [ha]

はし
젓가락

ひ [hi]

ひこうき
비행기

ふ [fu]

ふね
배

へ [he]

へそ
배꼽

ほ [ho]

ほん
책

ハ [ha]

ハイキング
하이킹

ヒ [hi]

コーヒー
커피

フ [fu]

フラワー
플라워, 꽃

ヘ [he]

ヘルメット
헬멧

ホ [ho]

ホテル
호텔

ま행 マ행

한국어의 '마 · 미 · 무 · 메 · 모' 발음과 비슷하다. 「む」는 한국어의 '무'라고 발음하기 보다는 '무'와 '므'의 중간 정도로 발음한다.

mp3 09

ま [ma]

まめ
콩

み [mi]

うみ
바다

む [mu]

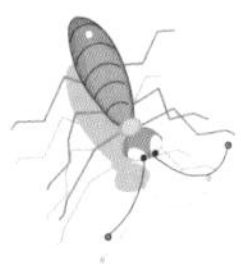

むし
벌레

め [me]

め
눈

も [mo]

もち
떡

マ [ma]

マスク
마스크

ミ [mi]

ミルク
밀크, 우유

ム [mu]

ハム
햄

メ [me]

メロン
멜론

モ [mo]

モデル
모델

や행 ヤ행

한국어의 ‘야 · 유 · 요’ 발음과 비슷하다. 가타카나의 「**ユ**」는 「**コ**」와 모양이 헷갈리기 쉬우니 주의해서 외우자.

mp3 10

や [ya]

やま
산

ゆ [yu]

ゆき
눈

よ [yo]

よる
밤

ヤ [ya]

イヤホン
이어폰

ユ [yu]

ユニホーム
유니폼

ヨ [yo]

ヨット
요트

ら행 ラ행

한국어의 '라 · 리 · 루 · 레 · 로' 발음과 비슷하다. 「る」와 「ろ」는 모양이 헷갈리기 쉬우니 주의해서 외우자. 일본어 동사에는 「る」로 끝나는 단어들이 많다.

mp3 11

ら [ra]

とら
호랑이

り [ri]

りんご
사과

る [ru]

さる
원숭이

れ [re]

れいぞうこ
냉장고

ろ [ro]

くろ
검정

ラ [ra]

ラーメン
라면

リ [ri]

リボン
리본

ル [ru]

ビル
빌딩

レ [re]

レモン
레몬

ロ [ro]

ロボット
로봇

わ행 ワ행

한국어의 ‘와 · 오’ 발음과 비슷하다. 「**を**」는 조사로만 쓰이며, 「**あ**」행의 「**お**」와 발음이 같다. 가타카나의 「**ヲ**」는 거의 사용되지 않는다.

mp3 12

わ [wa]

かわ
강

を [o]

ほんを よむ
책을 읽다

ワ [wa]

ワイン
와인

ヲ [o]

ん ン

「**ん**」은 다른 글자 뒤에서 받침과 같은 역할을 하며 콧소리가 난다. 한국어의 받침과 달라서 반드시 한 박자를 주어 발음해야 한다. 뒤에 오는 음에 따라 한국어 ‘ㅁ, ㄴ, ㅇ’에 가깝게 발음된다.

mp3 13

ん [n]

にほん
일본

ン [n]

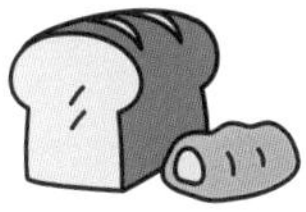

パン
빵

일본어 문자와 발음 - 탁음

'탁음'은 글자의 오른쪽 위에 탁점(゛)이 붙은 글자이다.
탁음은 「か」「さ」「た」「は」 행에서만 나타난다.

が행 ガ행

한국어의 '가 · 기 · 구 · 게 · 고', 영어의 「g」발음과 비슷하다.

mp3 14

が [ga]

がか
화가

ぎ [gi]

ぎんこう
은행

ぐ [gu]

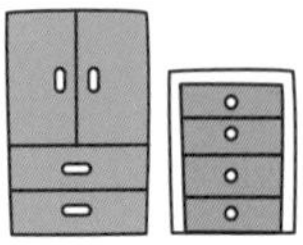

かぐ
가구

げ [ge]

ひげ
수염

ご [go]

ごはん
밥

ガ [ga]

ガム
껌

ギ [gi]

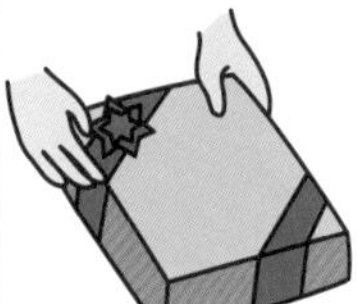

ギフト
선물

グ [gu]

グラス
잔

ゲ [ge]

ゲーム
게임

ゴ [go]

ゴルフ
골프

ざ행 ザ행

영어의 「z」 발음으로 한국인들에게는 조금 어려운 발음이다. 「ず」는 영어로는 발음을 「zu」로 표기하지만, '주'가 아니라 '즈'로 발음해야 한다.

mp3 15

ざ [za]

ざっし
잡지

じ [ji]

じてんしゃ
자전거

ず [zu]

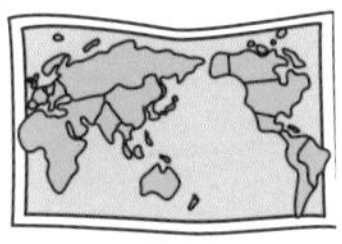

ちず
지도

ぜ [ze]

かぜ
감기

ぞ [zo]

ぞう
코끼리

ザ [za]

マザー
엄마

ジ [ji]

ジャズ
재즈

ズ [zu]

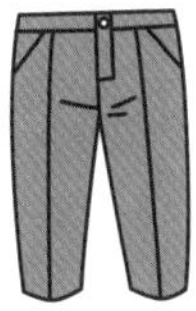

ズボン
바지

ゼ [ze]

ゼロ
제로, 영

ゾ [zo]

ゾーン
존, 지역

だ행 ダ행

「だ · で · ど」는 영어의 「d」발음이며, 「ぢ · づ」는 「じ · ず」와 발음이 같다. 가타카나 「ヂ · ヅ」는 거의 쓰이는 일이 없고, 그 대신에 발음이 같은 「ジ · ズ」가 주로 쓰인다.

mp3 16

だ [da]

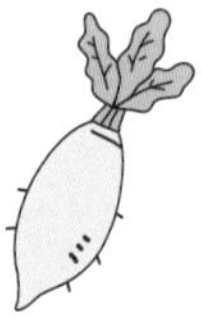

だいこん
무

ぢ [ji]

はなぢ
코피

づ [zu]

こづつみ
소포

で [de]

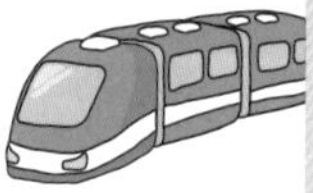

でんしゃ
전철

ど [do]

まど
창문

ダ [da]

ダンス
댄스

ヂ [ji]

チヂミ
지짐이, 전

ヅ [zu]

デ [de]

デザート
디저트

ド [do]

ドーナツ
도넛

ば행 バ행

한국어의 '바 · 비 · 부 · 베 · 보', 영어의「b」발음과 비슷하다.

mp3 17

ば [ba]

ばら
장미

び [bi]

へび
뱀

ぶ [bu]

ぶた
돼지

べ [be]

おべんとう
도시락

ぼ [bo]

ぼうし
모자

バ [ba]

バナナ
바나나

ビ [bi]

ビール
맥주

ブ [bu]

ブーツ
부츠

ベ [be]

ベルト
벨트

ボ [bo]

ボール
공

일본어 문자와 발음 - 반탁음

'반탁음'은 글자의 오른쪽 위에 반탁점(°)이 붙은 글자이다.
반탁음은 「は」 행에서만 나타난다.

ぱ행 **パ**행

영어의 「p」발음과 비슷하다. 한국어의 '파 · 피 · 푸 · 페 · 포'와 '빠 · 삐 · 뿌 · 뻬 · 뽀'의 중간 정도의 발음이다.

mp3 18

ぱ [pa]

かんぱい
건배

ぴ [pi]

えんぴつ
연필

ぷ [pu]

せんぷうき
선풍기

ぺ [pe]

ぺこぺこ
꼬르륵 꼬르륵

ぽ [po]

たんぽぽ
민들레

パ [pa]

パフェ
파르페

ピ [pi]

ピアノ
피아노

プ [pu]

プリン
푸딩

ペ [pe]

ペンキ
페인트

ポ [po]

ポスト
우체통

일본어 문자와 발음 - 요음

「き・ぎ・し・じ・ち・に・ひ・び・ぴ・み・り」 뒤에 반모음인 「や・ゆ・よ」를 작게 써서 한 글자처럼 한 박자로 발음되는 것을 요음이라고 한다.

mp3 19

きゃ kya	きゅ kyu	きょ kyo	キャ kya	キュ kyu	キョ kyo
ぎゃ gya	ぎゅ gyu	ぎょ gyo	ギャ gya	ギュ gyu	ギョ gyo
しゃ sha	しゅ shu	しょ sho	シャ sha	シュ shu	ショ sho
じゃ ja	じゅ ju	じょ jo	ジャ ja	ジュ ju	ジョ jo
ちゃ cha	ちゅ chu	ちょ cho	チャ cha	チュ chu	チョ cho
にゃ nya	にゅ nyu	にょ nyo	ニャ nya	ニュ nyu	ニョ nyo
ひゃ hya	ひゅ hyu	ひょ hyo	ヒャ hya	ヒュ hyu	ヒョ hyo
びゃ bya	びゅ byu	びょ byo	ビャ bya	ビュ byu	ビョ byo
ぴゃ pya	ぴゅ pyu	ぴょ pyo	ピャ pya	ピュ pyu	ピョ pyo
みゃ mya	みゅ myu	みょ myo	ミャ mya	ミュ myu	ミョ myo
りゃ rya	りゅ ryu	りょ ryo	リャ rya	リュ ryu	リョ ryo

일본어 문자와 발음 - 촉음, 장음

촉음은 「つ」를 작게 표시하며, 한국어의 받침과 같은 역할을 하는 글자이다.
음의 길이가 우리말 받침과는 달리 한 박자이므로 주의해야 한다.

촉음 「っ」 mp3 20

촉음 「っ」는 「か · さ · た · ぱ」행 앞에서 쓰인다. 촉음의 발음을 정리하면 다음과 같다.

1 'ㄱ'받침이 되는 경우

촉음 「っ」가 「か」행 「か · き · く · け · こ」 앞에 올 때

- いっかい 일층
- いっき 단숨
- がっこう 학교
- ミュージック 음악

2 'ㅂ'받침이 되는 경우

촉음 「っ」가 「ぱ」행 「ぱ · ぴ · ぷ · ぺ · ぽ」 앞에 올 때

- いっぱい 가득
- いっぴき 한 마리
- ケチャップ 케찹
- しっぽ 꼬리

3 'ㅅ'받침이 되는 경우

촉음 「っ」가 「さ」행 「さ · し · す · せ · そ」, 「た」행 「た · ち · つ · て · と」 앞에 올 때

- ざっし 잡지
- けっせき 결석
- おっと 남편
- スイッチ 스위치

장음은 가운데 있는 두 음절이나 세 음절을 한 음절처럼 길게 발음하는 것을 말한다.

장음 mp3 21

あ단 + あ

- おかあさん 어머니
- おばあさん 할머니

い단 + い

- おにいさん 오빠, 형
- おじいさん 할아버지

う단 + う

- すうがく 수학
- ふうせん 풍선

え단 + え · い

- せんせい 선생님
- えいが 영화

お단 + お · う

- こおり 얼음
- おとうさん 아버지

요음 + う

- きょう 오늘
- じゅう 열, 10

가타카나의 장음 「一」를 길게 발음

- ビール 맥주

일본어 문자와 발음 - 발음, 악센트와 억양

일본어의 「ん」은 한국어의 받침과 같은 역할을 하며, 뒤에 오는 글자에 따라 발음이 달라진다. 음의 길이가 우리의 받침과는 달리 한 박자이므로 주의해야 한다.

발음(撥音) mp3 22

1 'ㅇ'으로 발음되는 경우

「か · が」행의 앞에 올 때

- げんかん 현관
- おんがく 음악
- にほんご 일본어
- かんこく 한국

2 'ㄴ'으로 발음되는 경우

「さ · ざ · た · だ · な · ら」행의 앞에 올 때

- けんさ 검사
- うんどう 운동
- みんな 모두
- べんり 편리

3 'ㅁ'으로 발음되는 경우

「ま · ば · ぱ」행의 앞에 올 때

- さんま 꽁치
- ぜんぶ 전부
- かんぱい 건배
- えんぴつ 연필

4 'ㄴ'과 'ㅇ'으로 발음되는 경우

「あ · は · や · わ」행의 앞 또는 맨 끝에 올 때

- げんいん 원인
- ほんや 서점
- でんわ 전화
- ほん 책

일본어에는 고저 악센트가 있으며, 억양에는 평탄 · 상승 · 하강의 세 가지 형태가 있다.
악센트와 억양에 유의하여 단어를 익히면 자연스러운 일본어를 구사할 수 있다.

악센트 mp3 23

하나의 단어 속에 높게 발음되는 박과 낮게 발음되는 박이 있다. 악센트에 따라 단어의 의미가 달라지는 경우가 있다.

[악센트의 모양]

1) 내려가는 곳이 없다. 【 】 예 にわ 마당 なまえ 이름 にほんご 일본어

2) 어두에서 내려간다. 【 】 예 ほん 책 てんき 날씨 らいげつ 다음 달

3) 어중에서 내려간다. 【 】 예 たまご 달걀 ひこうき 비행기 せんせい 선생님

4) 어미에서 내려간다. 【 】 예 くつが 구두가 やすみは 휴일은 おとうとに 남동생에게

억양(イントネーション) mp3 24

억양에는 평탄조, 상승조, 하강조가 있는데, 일반적으로 의문을 나타낼 경우에는 상승조, 동의나 실망을 나타낼 때는 하강조, 그 외에는 평탄조로 말하는 경우가 많다.

예 キム： あした 友達(ともだち)と お花見(はなみ)を します。【→평탄】
내일 친구와 꽃구경을 갑니다.
鈴木(すずき)さんも いっしょに 行(い)きませんか。【↗상승】
스즈키 씨도 같이 가지 않겠습니까?

鈴木(すずき)： ああ、いいですねえ。【↘하강】
아아, 좋지요.

히라가나 쓰기 연습 あ행

あ ①②③

[a]

あ あ

い ①②

[i]

い い

う ①②

[u]

う う

え ①②

[e]

え え

お ①②③

[o]

お お

가타카나 쓰기 연습 ア행

ア ①②
[a]

ア ア

イ ①②
[i]

イ イ

ウ ①②③
[u]

ウ ウ

エ ①②③
[e]

エ エ

オ ①②③
[o]

オ オ

히라가나 쓰기 연습 か행

か

[ka]

か か

き

[ki]

き き

く

[ku]

く く

け

[ke]

け け

こ

[ko]

こ こ

カ ①② [ka]

カ カ

キ ①②③ [ki]

キ キ

ク ①② [ku]

ク ク

ケ ①②③ [ke]

ケ ケ

コ ①② [ko]

コ コ

히라가나 쓰기 연습 さ행

さ ①②③ [sa]

さ さ

し ① [shi]

し し

す ①② [su]

す す

せ ①②③ [se]

せ せ

そ ① [so]

そ そ

가타카나 쓰기 연습 サ행

サ ① ② ③

[sa]

サ サ

シ ① ② ③

[shi]

シ シ

ス ① ②

[su]

ス ス

セ ① ②

[se]

セ セ

ソ ① ②

[so]

ソ ソ

히라가나 쓰기 연습 た행

た ① ② ③ ④

[ta]

た た

ち ① ②

[chi]

ち ち

つ ①

[tsu]

つ つ

て ①

[te]

て て

と ① ②

[to]

と と

가타카나 쓰기 연습 タ행

タ ①②③
[ta]

タ タ

チ ①②③
[chi]

チ チ

ツ ①②③
[tsu]

ツ ツ

テ ①②③
[te]

テ テ

ト ①②
[to]

ト ト

히라가나 쓰기 연습 な행

な [na]	な	な			
に [ni]	に	に			
ぬ [nu]	ぬ	ぬ			
ね [ne]	ね	ね			
の [no]	の	の			

가타카나 쓰기 연습 ナ행

ナ [na]	ナ	ナ				
ニ [ni]	ニ	ニ				
ヌ [nu]	ヌ	ヌ				
ネ [ne]	ネ	ネ				
ノ [no]	ノ	ノ				

は ①②③ [ha]

は は

ひ ① [hi]

ひ ひ

ふ ①②③④ [fu]

ふ ふ

へ ① [he]

へ へ

ほ ①②③④ [ho]

ほ ほ

ハ
[ha]

ハ ハ

ヒ
[hi]

ヒ ヒ

フ
[fu]

フ フ

ヘ
[he]

ヘ ヘ

ホ
[ho]

ホ ホ

히라가나 쓰기 연습 ま행

ま [ma]	ま	ま			
み [mi]	み	み			
む [mu]	む	む			
め [me]	め	め			
も [mo]	も	も			

가타카나 쓰기 연습 マ행

マ ①②

[ma]

マ	マ			

ミ ①②③

[mi]

ミ	ミ			

ム ①②

[mu]

ム	ム			

メ ①②

[me]

メ	メ			

モ ①②③

[mo]

モ	モ			

히라가나 쓰기 연습 や행

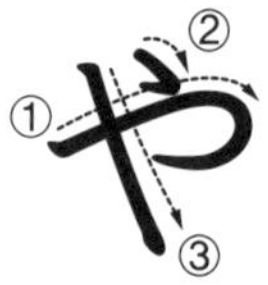

[ya]

や や

[yu]

ゆ ゆ

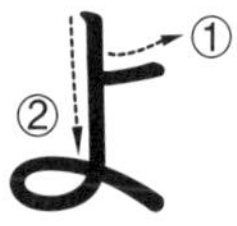

[yo]

よ よ

가타카나 쓰기 연습 ヤ행

ヤ ① ②

[ya]

ユ ① ②

[yu]

ヨ ① ② ③

[yo]

히라가나 쓰기 연습 ら행

ら ① ②

[ra]

ら ら

り ① ②

[ri]

り り

る ①

[ru]

る る

れ ② ①

[re]

れ れ

ろ ①

[ro]

ろ ろ

가타카나 쓰기 연습 ラ행

ラ ①②
[ra]

ラ	ラ			

リ ①②
[ri]

リ	リ			

ル ①②
[ru]

ル	ル			

レ ①
[re]

レ	レ			

ロ ①②③
[ro]

ロ	ロ			

히라가나 쓰기 연습 わ행

わ

[wa]

わ	わ			

を

[o]

を	を			

ん

[n]

ん	ん			

가타카나 쓰기 연습 ワ행

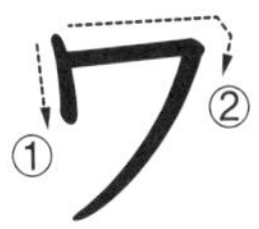

[wa]

ワ ワ

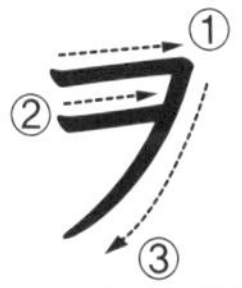

[o]

ヲ ヲ

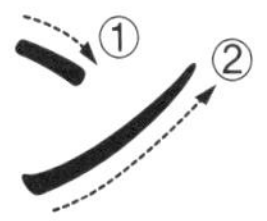

[n]

ン ン

다양한 인사 표현 mp3 25

만날 때 인사

첫 만남

◆ はじめまして。 처음 뵙겠습니다

시간대별 인사

◆ おはようございます。 안녕하세요 아침

◆ こんにちは。 안녕하세요 점심

◆ こんばんは。 안녕하세요 저녁

「おはよう」 뒤에 「ございます」를 붙이면 정중한 표현이 된다. 가까운 사람에게 '안녕'하고 인사할 때는 「おはよう」라고 인사하지만, 상대방이 손윗사람일 경우이거나 아랫사람이라도 처음 만나거나 어색한 사이일 경우에는 「ございます」를 붙여서 인사한다. 주로 아침 인사로 사용하지만 어떤 일을 시작할 때도 사용한다.
단, 「こんにちは」나 「こんばんは」는 반말, 존댓말 구분 없이 사용되기 때문에 뒤에 「ございます」를 붙이지 않는다.

헤어질 때 인사

- さようなら。 안녕히 계세요 / 안녕히 가세요 / 안녕

- じゃ、また。 그럼, 또 만나(요)
- じゃあね。 그럼, 잘 가(요)
- また、あした。 내일 또 만나(요)
- バイバイ。 바이바이 / 안녕

A おさきに しつれいします。 먼저 실례하겠습니다

B おつかれさまでした。 수고하셨습니다

「さようなら」는 일본 현지에서 실제로는 잘 쓰지 않는 표현이다. 헤어지는 연인이나 한동안 멀리 떠나는 사람에게 사용하며, 예외적으로 학교에서 선생님과 헤어질 때 사용한다.

취침 인사

A おやすみなさい。 안녕히 주무세요

B おやすみ。 잘 자

다양한 인사 표현

식사 인사

◆ いただきます。 잘 먹겠습니다 식전

◆ ごちそうさまでした。 잘 먹었습니다 식후

감사 인사

A ありがとうございます。 감사합니다 / 고맙습니다

B どういたしまして。 천만에요 / 뭘요

사과 인사

A すみません。 미안합니다 / 죄송합니다

B だいじょうぶです。 괜찮습니다

축하 인사

Ⓐ おめでとう(ございます)。 축하해(축하합니다)

Ⓑ ありがとう(ございます)。 고마워(고맙습니다)

외출 인사

Ⓐ いってきます。 다녀오겠습니다

Ⓑ いってらっしゃい。 다녀와 / 다녀오세요

귀가 인사

Ⓐ ただいま。 다녀왔습니다

Ⓑ おかえりなさい。 어서 오렴 / 잘 다녀왔어요?

접객용 인사

◆ いらっしゃいませ。 어서 오세요

UNIT

01

안녕하세요

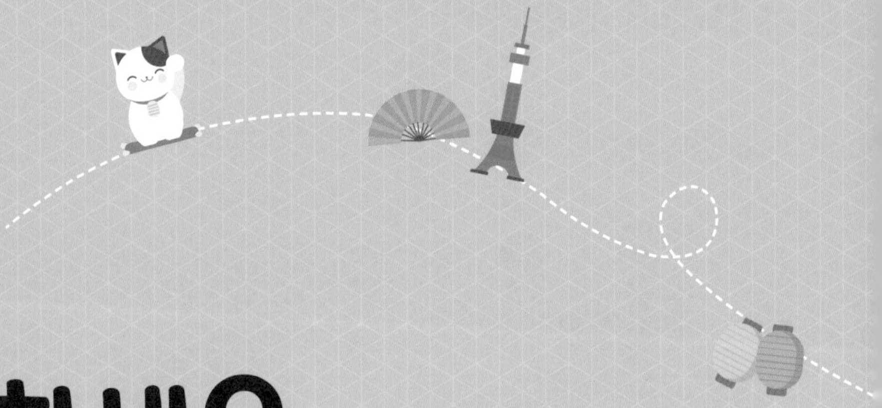

학습 포인트

- 인칭대명사
- ～は ～です
- ～は ～ですか
- ～では(じゃ) ありません

학습 내용

음성 듣기

- ぼくは キム・テホです。
  저는 김태호입니다.
- こちらは イ・ジヘさんです。
  이쪽은 이지혜 씨입니다.
- ジヘさん、テホさんは ともだちですか。
  지혜 씨, 태호 씨는 친구인가요?
- いいえ、ともだちじゃ ありません。
  아니요, 친구가 아니에요.

문법 체크 1

mp3 26

1 인칭대명사

사람을 가리키는 대명사 중의 하나이다.

1인칭	2인칭	3인칭	부정칭(의문)
わたし / わたくし 나 / 저 ぼく / おれ 나 (남성어)	あなた 너 / 당신	かれ / かのじょ 그 / 그녀	だれ 누구

TIP
「わたくし」는 「わたし」보다 정중한 말투이고,
「おれ」는 「ぼく」보다 조금 거친 말투이다.

2 ～は ～です ~은/는 ~입니다

「～は」는 '~은/는'과 같이 조사로 쓰일 때 [wa]로 발음하고, 「～です」는 명사 또는 형용사에 붙어 '~ㅂ니다'로 해석된다.

+ わたしは キム・テホです。
+ かれは だいがくせいです。
+ ジヘさんは かしゅです。

だいがくせい 대학생　　～さん ~씨　　かしゅ 가수

회화 1

mp3 27

はじめまして。

공항에서 일본 대학 도우미인 메구미와 처음 만나 인사를 나누고 있다.

めぐみ　はじめまして。わたしは すずき めぐみです。
よろしく おねがいします。

テホ　はじめまして。ぼくは キム·テホです。
こちらは イ·ジヘさんです。

ジヘ　はじめまして。イ·ジヘです。
どうぞ よろしく おねがいします。

めぐみ　ジヘさん、こちらこそ よろしく おねがいします。

はじめまして 처음 뵙겠습니다　わたし 나/저　~は[wa] ~은/는 (조사)　~です ~입니다
ぼく 나 (남성어)　こちら 이쪽　~こそ ~(이)야말로　こちらこそ 저야말로
どうぞ よろしく おねがいします 잘 부탁합니다

▶ こちらこそ '저야말로'를 관용적으로 표현할 때는「わたしこそ」보다「こちらこそ」를 많이 쓴다.
▶ どうぞ '아무쪼록, 부디, 잘'이라는 뜻으로, 상대방에게 어떤 것을 부탁하거나 권할 때 쓰는 완곡한 표현이다.

문형 연습 1

わたし / かんこくじん → わたしは かんこくじんです。

1) わたし / がくせい → ＿＿＿＿＿は＿＿＿＿＿です。

2) かれ / にほんじん → ＿＿＿＿＿は＿＿＿＿＿です。

3) かのじょ / イ・ジヘさん → ＿＿＿＿＿は＿＿＿＿＿です。

イ·ジヘ / どうぞ / すずき めぐみ / こちらこそ

Ⓐ はじめまして。イ·ジヘです。
どうぞ よろしく おねがいします。

Ⓑ はじめまして。すずき めぐみです。
こちらこそ よろしく おねがいします。

4) パク·ミンス / どうぞ / なかむら / こちらこそ

Ⓐ はじめまして。＿＿＿＿＿です。
＿＿＿＿＿ よろしく おねがいします。

Ⓑ はじめまして。＿＿＿＿＿です。
＿＿＿＿＿ よろしく おねがいします。

5) やまだ / どうぞ / イ·ハナ / こちらこそ

Ⓐ はじめまして。＿＿＿＿＿です。
＿＿＿＿＿ よろしく おねがいします。

Ⓑ はじめまして。＿＿＿＿＿です。
＿＿＿＿＿ よろしく おねがいします。

かんこくじん 한국인　がくせい 학생　にほんじん 일본인

일본 문화 이야기

どうぞ와 どうも 어떤 차이가 있나요?

일본에서는 「どうぞ」와 「どうも」만으로도 대화가 성립되는 경우가 많다. 예를 들면 다음과 같다.

1 사무실에 들어갈 때

A : どうぞ。 먼저 들어가시죠.

B : どうも。 감사합니다.

2 서로가 무언가를 하려다 양보할 때

A : どうぞ。 먼저 하세요.

B : どうも。 감사합니다.

3 물건을 건네줄 때

A : どうぞ。 여기 있습니다(이거 쓰세요).

B : どうも。 감사합니다.

4 의자에 앉기를 권할 때

A : どうぞ。 앉으세요.

B : どうも。 감사합니다.

5 무언가를 마시거나 먹기를 권할 때

A : どうぞ。 자, 드세요.

B : どうも。 감사합니다.

「さあ、どうぞ。 자, 어서」는 상대방에게 친근감을 나타내는 표현이다. 이에 대해 「あ、どうも。 아, 감사합니다」라고 대답하는데, 이는 감사함과 미안함이 담긴 표현이다. 일본인이 일상생활에서 폭넓게 쓰는 표현이다.

mp3 28

3 ～は ～ですか ~은/는 ~입니까?

의문문을 만들 때는「～です」뒤에「か」를 붙인다.

+ イさんは かんこくじんですか。
+ きむらさんは せんせいですか。
+ かのじょは ともだちですか。

TIP
한국어의 문장 마침표는「.」이지만,
일본어의 마침표는「。」이다.

4 ～は ～では(じゃ) ありません ~은/는 ~이/가 아닙니다

「～では ありません」은 명사의 정중한 부정표현이다. 회화에서는「～では」보다는「～じゃ」의 형태를 많이 사용한다.

+ わたしは にほんじんでは(じゃ) ありません。
+ ぼくは バリスタでは(じゃ) ありません。
+ かれは かいしゃいんじゃ(では) ないです。

TIP
「～では(じゃ) ありません」은
「～じゃ(では) ないです」로 바꿔 쓸 수 있다.

せんせい 선생님　ともだち 친구　バリスタ 바리스타　かいしゃいん 회사원

회화 2

mp3 29

こんにちは。

인솔 나온 기무라 선생님과 인사를 나누고 있다.

せんせい　きむらです。

テホさん、こんにちは。

テホ　きむらせんせい、こんにちは。

こちらは イ·ジヘさんです。

ジヘ　はじめまして。イ·ジヘです。

せんせい　ジヘさん、テホさんは ともだちですか。

ジヘ　いいえ、ともだちじゃ ありません。

せんぱいです。

こんにちは 안녕하세요(점심)　いいえ ↔ はい 아니요 ↔ 네　せんぱい 선배(님)

▶ ～さん(호칭) '~씨'라는 뜻으로, 성이나 이름 뒤에 붙인다. 좀 더 높여 부를 때는 '~님'이라는 뜻의 「～さま」를 쓴다.

▶ こちら '이쪽'이라는 뜻의 방향을 가리키는 표현이지만, 사람을 지칭할 때는 '이분', '이쪽'이라는 뜻이다.

문형 연습 2

キムさん / りゅうがくせい → キムさんは りゅうがくせいですか。

1) きむらさん / せんせい → ____________は ____________ですか。

2) あなた / かいしゃいん → ____________は ____________ですか。

3) かのじょ / にほんじん → ____________は ____________ですか。

たなかさん / ともだち

Ⓐ たなかさんは ともだちですか。

Ⓑ いいえ、ともだちでは(じゃ) ありません。

4) ジヘさん / せんぱい

Ⓐ ____________は ____________ですか。

Ⓑ いいえ、____________では(じゃ) ありません。

5) にほん / はじめて

Ⓐ ____________は ____________ですか。

Ⓑ いいえ、____________では(じゃ) ありません。

6) ケビンさん / ちゅうごくじん

Ⓐ ____________は ____________ですか。

Ⓑ いいえ、____________では(じゃ) ありません。

りゅうがくせい 유학생　にほん 일본　はじめて 처음　ちゅうごくじん 중국인

연습 문제

1 다음 내용을 잘 듣고 밑줄 친 곳에 알맞은 말을 써 보세요. mp3 30

Ⓐ ________。________です。________ よろしく おねがいします。

Ⓑ すずき めぐみです。________ よろしく おねがいします。

2 다음 보기와 같이 주어진 단어를 활용하여 말해 보세요.

보기

はじめまして。わたしは パクです。

どうぞ よろしく おねがいします。

1) キム　　2) イ　　3) ケビン　　4) たなか

보기

Ⓐ やまださん、パクさんは せんせいですか。

Ⓑ いいえ、せんせいでは(じゃ) ありません。 がくせいです。

5) だいがくせい　　6) かいしゃいん　　7) バリスタ　　8) かしゅ

3 다음 대화의 ____에 들어갈 알맞은 말을 써 보세요.

1) わたし ________ かんこくじん ________。
　~은/는　　~입니다

2) かのじょは ________。
　대학생입니까?

3) ジヘさん ________ せんせい ________。
　~은/는　　~이/가 아닙니다

4 다음 대화와 같이 자기소개를 해 보고, 질문에 대하여 자유롭게 답해 보세요.

1) はじめまして。わたしは すずき めぐみです。
どうぞ よろしく おねがいします。

➡

2) あなたは かいしゃいんですか。(네/아니요)

보기 いいえ、かいしゃいんじゃ ありません。だいがくせいです。

➡ はい / いいえ、

5 내용을 읽고 ○ × 체크를 해 보세요.

1) 1인칭 「ぼく」는 남녀 사용이 가능하다. ○ ×

2) 「~は」는 조사로 쓰일 때, 반드시 [ha]로 읽어야 한다. ○ ×

3) 「~です」의 의문형은 「~ですか」이다. ○ ×

4) 「~では」를 대신하여 「~じゃ」를 쓸 수 있다. ○ ×

5) 「~では ありません」을 대신해서 「~じゃ ないです」를 쓸 수 없다. ○ ×

일본

여행지 음식

도쿄 향토 음식 편

에도 시대(1603~1867)부터 사랑받고 있는 도쿄의 향토 음식으로는 에도마에스시, 소바, 몬자야키, 후카가와메시 등이 있다.

에도마에스시(江戸前寿司)

에도시대 중기까지 상자에 넣어 만든 각진 스시인 '하코스시'가 일반적이었으나, 에도 후기에 이르러 거리의 포장마차에서 요즘 흔히 볼 수 있는 '니기리스시'를 처음 팔기 시작했다. 에도마에스시(니기리스시)란 하코스시보다 빠르고 간편하게 먹을 수 있는 에도 발상의 음식이다.

소바(そば)

소바(메밀국수)는 도쿄를 대표할 수 있는 요리 중 하나로, 유명한 소바 가게가 많이 있다. 특히, 소바는 후루룩 소리를 내면서 면을 흡입하면 메밀의 은은한 향을 느낄 수 있다. 소바는 차가운 츠유에 찍어 먹는 '자루소바(냉모밀)'와 주로 뜨거운 장국을 메밀 면에 부어 먹는 '가케소바(온면)' 등 여러 종류가 있다.

몬자야키(もんじゃ焼き)

간사이에 오코노미야키가 있다면 간토에는 몬자야키가 있다. 몬자야키는 수분이 많은 전분 국물을 사용하기 때문에 철판에서 익혀도 덜 익은 듯한 형태로 보인다. 맛은 짭짤하고 구수한 맛이며 명란젓, 치즈, 해물 등 여러 재료를 섞어서 만들 수 있다.

후카가와메시(深川めし)

후카가와메시(바지락 밥)는 바지락, 대합 등의 조개류와 파, 된장 등을 넣고 끓인 국물로 밥을 지어 먹는 솥밥 요리이다. '아사리고항'이라고도 부른다. 조개가 잡히는 지역이라면 어디서나 많이 해 먹는 요리이지만 그 중에서도 도쿄의 후카가와 지역이 대표적이기 때문에 '후카가와메시'라는 이름이 붙었다.

UNIT

02

어떻게 가면 될까요?

학습 포인트

- これ・それ・あれ・どれ (こそあど-1)
- 명사 + の + 명사
- 명사 + も
- この・その・あの・どの (こそあど-2)
- 명사 + で

학습 내용

음성 듣기

- それは なんですか。
  그것은 무엇입니까?
- でんしゃの ＩＣカードです。
  전철(의) IC카드예요.
- ぼくも きっぷです。
  저도 티켓이에요.
- この でんしゃは ちばゆきですか。
  이 전철은 치바행입니까?
- この でんしゃは ちばゆきで、
  つぎが とうきょうゆきです。
  이 전철은 치바행이고, 다음이 도쿄행이에요.

문법 체크 1

mp3 31

1 これ·それ·あれ·どれ 이것, 그것, 저것, 어느 것

지시대명사로 화자(말하는 사람)와 청자(듣는 사람), 사물 위치에 따라 구별하여 사용한다.

화자 근처	청자 근처	먼 곳	부정칭(의문)
これ 이것	それ 그것	あれ 저것	どれ 어느 것

2 명사 + の + 명사 ~의~

명사와 명사 사이를 연결할 때 사용되며, 우리말의 '~의'에 해당하지만 해석이 되지 않는 경우도 많다.

+ これは ともだちの かばんです。
+ それは でんしゃの きっぷです。
+ あなたの くるまは どれですか。

3 명사 + も ~도

같은 종류 또는 유사한 종류를 말할 때 사용되는 조사이며, 우리말의 '~도'로 해석된다.

+ わたしも がくせいです。
+ これも わたしの しゃしんです。
+ あれも しんかんせんです。

かばん 가방　きっぷ 표, 티켓　くるま 자동차　がくせい 학생　しゃしん 사진
しんかんせん 신칸센

회화 1

mp3 32

それは なんですか。

태호, 지혜, 메구미가 공항에서 이동하려고 전철 개찰구 앞에서 이야기를 나누고 있다.

ジヘ　めぐみさん、それは なんですか。

めぐみ　これは Suicaです。

テホ　Suica？

めぐみ　はい。でんしゃの ＩＣカードです。

ジヘ　へぇ、わたしは きっぷです。
テホさんは？

テホ　ぼくも きっぷです。

ジヘ　あれも Suicaですか。

めぐみ　はい、あれは モバイル Suicaです。

何(なん/なに) 무엇　IC カード 충전식 교통 카드　でんしゃ 전철　モバイル 모바일

문형 연습 1

これ / わたし / さいふ → これは わたしの さいふです。

1) これ / わたし / ジュース → ______は ______の ______です。

2) それ / ぼく / スマホ → ______は ______の ______です。

3) あれ / だいがく / としょかん → ______は ______の ______です。

でんしゃ / きっぷ

A それは なんですか。
B これは でんしゃの きっぷです。
A あれも でんしゃの きっぷですか。
B いいえ、あれは でんしゃの きっぷじゃ ありません。

4) にほん / まんが

A これは なんですか。
B それは ______の ______です。
A あれも ______の ______ですか。
B はい、あれも ______の ______です。

5) フランス / ワイン

A それは なんですか。
B これは ______の ______です。
A あれも ______の ______ですか。
B いいえ、あれは ______の ______じゃ ありません。

さいふ 지갑　ジュース 주스　スマホ 스마트폰　としょかん 도서관　まんが 만화
フランス 프랑스　ワイン 와인

일본 문화 이야기

일본 생활의 필수품, 교통 카드

일본의 대표적인 교통 카드에는 스이카(Suica), 파스모(PASMO), JR패스 등이 있다. 각 교통 카드는 어떤 차이가 있을까?

▲ Suica 카드

스이카(Suica) 카드는 JR동일본 IC카드로, 지하철, 버스, 쇼핑 등에 이용할 수 있다. 스마트폰에도 탑재되어 터치 가능한 '모바일 스이카(モバイルスイカ)'도 폭넓게 사용되고 있으며, 일본 전국에 걸쳐 사용할 수 있다. JR 각 역의 녹색 창구(みどりの窓口(まどぐち))와 발매기에서 구매할 수 있다.

▲ PASMO 카드

파스모(PASMO) 카드는 도쿄를 중심으로 전국, 철도, 버스에서 사용할 수 있는 IC카드로 스이카(Suica)와 비슷한 기능을 가지고 있다. 공항이나 지하철역 등에서 구입할 수 있고 다양한 교통, 쇼핑, 자동판매기 등에서 사용 가능하다.

JR패스는 일본 거주자는 구입할 수 없다. 여행을 목적으로 단기 체류하는 외국인만 구매할 수 있기 때문에 여권에 단기 체류를 증명하는 스탬프나 스티커가 있어야 한다. JR패스는 일정 기간 동안 무제한으로 탑승이 가능하며, 일본 여러 지역으로 이동할 때, 유용하게 쓰인다. 이용 기간은 7일, 14일, 21일간 이용할 수 있는 패스로 나누어져 있다. 패스는 그린 객차용(1등석)과 보통 객차용(2등석) 두 종류가 있다.

▲ JR패스

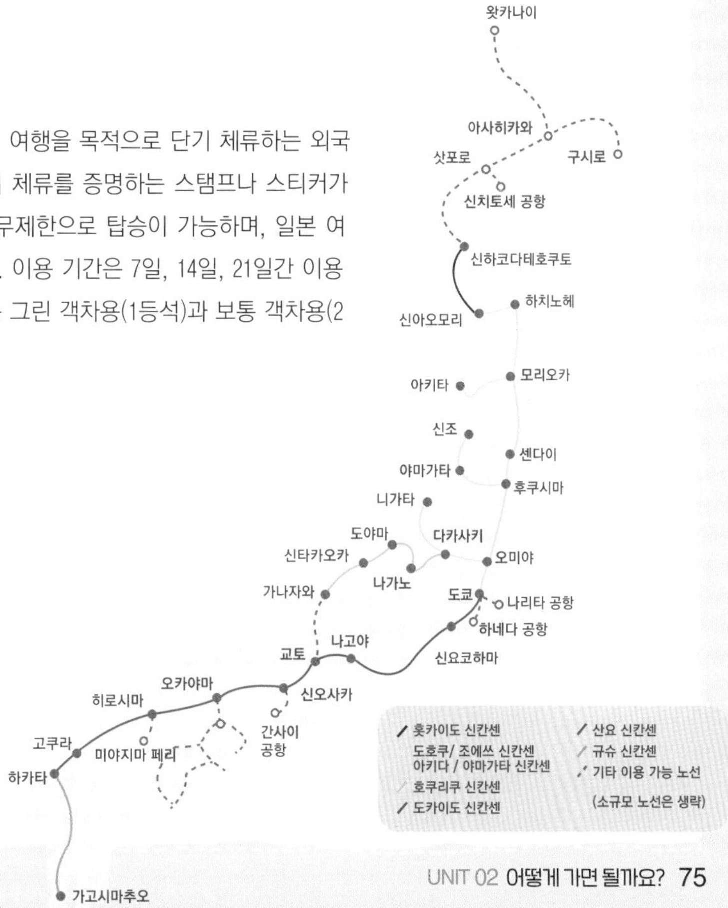

문법 체크 2

mp3 33

4 この·その·あの·どの 이 · 그 · 저 · 어느

명사를 수식하는 형태이며 독립적으로는 쓰이지 않는다.

화자 근처	청자 근처	먼 곳	부정칭(의문)
この 이	その 그	あの 저	どの 어느

5 명사 + で ~이고, ~에서

열거의 의미로 사용될 때는 '~이고'로 해석된다. 활동 장소(동작이 이루어지는 장소)를 나타내는 단어에 접속하여 사용될 때는 '~에서'로 해석된다.

+ かれは デザイナーで、かのじょは モデルです。(열거)
+ わたしは せんせいで、あなたは がくせいです。(열거)
+ かんこくで、キムチを かいます。(활동 장소)

TIP
「かいます 삽니다」는 동사 「かう 사다」의 정중표현이다.

デザイナー 디자이너　モデル 모델　キムチ 김치

회화 2

mp3 34

この でんしゃは ちばゆきです。

승강장에서 도쿄행 전철을 기다리며 어떤 것을 타야 하는지 어려워하고 있다.

アナウンス　この でんしゃは ちばゆきです。

テホ　めぐみさん、この でんしゃですか。

めぐみ　いいえ、その でんしゃじゃ ありません。

テホ　じゃあ つぎの でんしゃですか。

めぐみ　はい、そうです。この でんしゃは ちばゆきで、
つぎが とうきょうゆきです。

テホ　とうきょうえきで のりかえですか。

めぐみ　はい、そうですよ。

ちばゆき 치바행　じゃあ 그럼, 자　つぎ 다음　そうです 그렇습니다　とうきょうえき 도쿄역
～で ~에서(활동 장소)　のりかえ 환승

- 주격조사「が」 주어를 나타내며, '~이/가'의 뜻으로 사용된다.
- ～ゆき(行(ゆ)き) '~행 · 방향 · 방면'이라는 뜻이다. 여기서는 도쿄행(東京(とうきょう)ゆき) 또는 도쿄 방면으로 가는 전철을 말한다.
- 종조사「よ」 종조사는 문장 끝에 오는 조사이다.「～よ」는 새로운 정보를 알려주거나 주의를 환기시킬 때, 자신의 의견이나 판단을 강조할 때 사용하며 주로 격의 없는 사이에서 사용한다.

문형 연습 2

このでんしゃ / ちばゆき → このでんしゃは ちばゆきですか。

1) この しんかんせん / おおさかゆき

→ ______は ______ですか。

2) その カード / Suica

→ ______は ______ですか。

3) あの でんしゃ / とっきゅう

→ ______は ______ですか。

この でんしゃ・ちばゆき / つぎ・とうきょうゆき	この でんしゃは ちばゆきで、 つぎが とうきょうゆきです。

4) これ・ラーメン / あれ・そば

→ ______は ______で、______が ______です。

5) それ・ノートパソコン / あれ・タブレット

→ ______は ______で、______が ______です。

6) これ・かれの ほん / あれ・かのじょの ほん

→ ______は ______で、______が ______です。

おおさかゆき 오사카행　とっきゅう 특급　そば 메밀국수　ノートパソコン 노트북
タブレット 태블릿　ほん 책

연습 문제

1 다음 내용을 잘 듣고 밑줄 친 곳에 알맞은 말을 써 보세요. mp3 35

テホ　: ______ は めぐみさんの ICカードですか。

めぐみ: ______ ICカードですか。はい、______ は わたしの ICカードです。

2 다음 보기와 같이 주어진 단어를 활용해 말해 보세요.

보기

これは わたしの きっぷ じゃ ありません。

1) かれの スマホ
2) せんせいの めがね
3) あなたの ペン
4) ともだちの かばん

보기

Ⓐ あれは どこゆきの しんかんせんですか。

Ⓑ とうきょう ゆきの しんかんせんです。

5) おおさか
6) きょうと
7) なごや
8) ふくおか

3 다음 대화의 ______ 에 들어갈 알맞은 말을 써 보세요.

1) それは ______ ですか。 / ______ は ともだちの かばんです。
무엇 / 이것

2) ______ でんしゃ ______ ちばゆきですか。
저 / ~도

3) これは でんしゃ ______ 、あれは ______ です。
~이고 / 신칸센

めがね 안경　ペン 펜　きょうと 교토(지명)　なごや 나고야(지명)　ふくおか 후쿠오카(지명)

4 다음 대화 및 질문에 대하여 자유롭게 답해 보세요.

1) それは キムさんの ペンですか。(네/아니요)

→ はい / いいえ、

2) あれは だれの かばんですか。

보기
あれは わたしの かばんです。

→

5 내용을 읽고 ○ × 체크를 해 보세요.

1) Suica IC 카드는 교통 카드로만 사용이 가능하다. ○ ×

2) 조사 「～で」가 장소를 나타내는 단어와 접속할 경우 '~에'로 해석된다. ○ ×

3) 명사와 명사 사이에 'の'가 사용될 때 보통 '~의'로 해석한다. ○ ×

4) 「何」의 읽는 방법은 'なん'과 'なに'이다. ○ ×

5) 종조사 「よ」는 주로 윗사람과 친구들에게 사용한다. ○ ×

일본
여행지 음식

오사카 향토 음식 편

오사카는 에도 시대에 일본의 상업 중심지로 번성했던 곳이다. 먹거리가 다양하고 가격도 저렴하여 여행하기 좋은 지역이다.

타코야키(たこ焼き)

타코야키는 오사카 시내를 걷다 보면 흔하게 접할 수 있는 음식이다. 밀가루와 다시 육수를 섞어서 만든 반죽을 타코야키 틀에 붓는다. 그리고 문어와 생강 초절임, 대파, 튀김 가루 등을 뿌린 뒤 계속 뒤집어 구우면서 동그랗게 만든다. 타코야키를 먹을 때 간장 소스에 가츠오부시(가다랑어포)와 마요네즈를 뿌려서 먹는다. 바로 먹으면 너무 뜨거우니 먹을 때 주의하자.

쿠시카츠(串カツ)

쿠시카츠의 기원은 쇼와 초기, 오사카 신세카이의 다루마 식당 여주인이 바쁜 직장인들을 위해 한입 크기의 소고기와 채소, 해산물을 꼬치에 꽂아 튀겨 주던 때로 거슬러 올라간다. 꼬치에 고기와 채소를 번갈아 꽂는 간토 지방의 쿠시카츠와 다르게 오사카는 각 꼬치에 하나의 재료만 꽂아서 팔고 있다. 꼬치를 먹을 때 소스를 두 번 찍어 먹는 것을 금지하고 있다. 한 번 입을 댄 꼬치를 다시 소스 통에 넣지 않도록 주의하자.

부타만(豚まん)

부타만은 돼지고기 만두로, 속 재료 중 하나인 양파에서 즙이 나와 단맛이 난다. 반죽으로 속 재료를 싸서 대나무 찜통 속에 넣어 찐다. 이외에도 에비슈마이(새우딤섬)와 야키교자(일본식 군만두)도 인기가 높다.

오코노미야키(お好み焼き)

오코노미야키는 밀가루, 다시 육수, 달걀, 양배추 등을 함께 섞어 부드럽고 걸쭉하게 조리한 요리이다. 식당마다 조리 방법이 다른데, 손님이 직접 조리할 수 있도록 재료만 나오는 곳도 있고, 익혀서 나오는 곳도 있다. 대표적인 오코노미야키로는 재료를 섞어서 굽는 '간사이풍 오코노미야키'와 야키소바면 등의 재료를 겹쳐서 굽는 '히로시마풍 오코노미야키'가 있다.

UNIT

03

내 방은 몇 층인가요?

학습 포인트

- 숫자/시간 표현
- ～から ～まで
- 요일/시제/시간의 분(分) 표현
- 명사 + でした
- 위치 표현(상하/전후/좌우)

학습 내용

음성 듣기

- よる 11じです。
  밤 11시예요.
- いっかいから さんがいまで。
  1층에서 3층까지.
- きのうは かようびで おふろそうじの ひでした。
  어제는 화요일로 목욕탕 청소의 날이었어요.
- きのうは 8じはんまででしたよ。
  어제는 8시 반까지였어요.
- しょくどうの まえですよ。
  식당 앞이에요.

문법 체크 1

mp3 36

1 숫자 / 시간 / 층수 표현

숫자					
	0	1	2	3	4
	ゼロ・れい	いち	に	さん	し・よん
	5	6	7	8	9
	ご	ろく	しち・なな	はち	きゅう・く
	10	20	30	40	50
	じゅう	にじゅう	さんじゅう	よんじゅう	ごじゅう
	60	70	80	90	100
	ろくじゅう	ななじゅう	はちじゅう	きゅうじゅう	ひゃく

시간						
	1시	2시	3시	4시	5시	6시
	いちじ	にじ	さんじ	よじ	ごじ	ろくじ
	7시	8시	9시	10시	11시	12시
	しちじ	はちじ	くじ	じゅうじ	じゅういちじ	じゅうにじ

층수					
	1층	2층	3층	4층	5층
	いっかい	にかい	さんがい	よんかい	ごかい
	6층	7층	8층	9층	10층
	ろっかい	ななかい	はちかい·はっかい	きゅうかい	じゅっかい

2 ～から ～まで ~부터 ~까지

「～から」는 시간 · 일시 · 장소 등의 시작점을, 「～まで」는 종료점을 나타낸다.

+ いちじから ごじまでです。
+ おおさかから とうきょうまでです。
+ コンビニの バイトは なんじから なんじまでですか。

コンビニ 편의점　　バイト 아르바이트(アルバイト의 줄임말)　　なんじ 몇 시

회화 1

mp3 37

よんかいと ごかいは だんしべやです。

메구미, 태호, 지혜가 유학생 기숙사에 도착해서 이야기를 나누고 있다.

めぐみ　これが テホさんと ジヘさんの がくせいりょうです。
いっかいから さんがいまでが じょしべや、
よんかいと ごかいは だんしべやです。

ジヘ　わたしの へやは なんがいですか。

めぐみ　にかいです。

テホ　もんげんは なんじですか。

めぐみ　よる じゅういちじです。

テホ　しゅうまつも じゅういちじですか。

めぐみ　しゅうまつは よる じゅうにじまでです。

がくせいりょう 학생 기숙사　じょしべや 여자 방　だんしべや 남자 방　へや 방
なんがい 몇 층　もんげん 통금 시간　よる 밤　しゅうまつ 주말

▶ 조사「と」 사물을 열거할 때 사용되며, '~와/과'의 뜻으로 사용된다.

▶ じょしべや 「じょし + へや」가 「じょしべや」로 바뀌는 것은 일본어의 연탁 현상에 의한 것으로, 이 경우에는 뒤에 오는 단어의 첫음절이 탁음으로 바뀐다. 「だんしべや」도 마찬가지이다.

문형 연습 1

いっかい / さんがい / じょしべや

➡ いっかいから さんがいまでが じょしべやです。

1) よんかい / ななかい / だんしべや ➡ ______から ______までが ______です。

2) にかい / ごかい / びょういん ➡ ______から ______までが ______です。

3) 2ページ / 9ページ / テスト ➡ ______から ______までが ______です。

もんげん / よる じゅうにじ

Ⓐ もんげんは なんじまでですか。

Ⓑ よる じゅうにじまでです。

4) じゅぎょう / ごご よじ

Ⓐ ______________は なんじまでですか。

Ⓑ ______________までです。

5) かいしゃの ランチタイム / ごご いちじ

Ⓐ ______________は なんじまでですか。

Ⓑ ______________までです。

6) この カフェ / よる じゅういちじ

Ⓐ ______________は なんじまでですか。

Ⓑ ______________までです。

びょういん 병원　ページ 페이지　テスト 테스트　じゅぎょう 수업　ランチタイム 런치 타임
ごご 오후　カフェ 카페

일본 문화 이야기

목욕 문화

일본의 사계절은 한국처럼 뚜렷하지만, 섬나라 특유의 기후 조건으로 여름철에는 습기가 많고 무더운 편이다. 이 때문에 목욕을 자주 할 수밖에 없는 환경으로 자연스럽게 목욕 문화가 발달되었다.

▲ 여탕 ▲ 남탕

센토(銭湯)와 온천(温泉)

'센토'는 전통적인 일본의 공중목욕탕을 말한다. 한국과 달리 도쿄의 경우 보통은 오후 3~4시경에 오픈하여 밤 12시 정도까지 운영된다. 남탕과 여탕의 입구는 별도로 있으나, 카운터는 한 사람이 앉아서 남탕과 여탕 표를 받으며 양쪽을 모두 관리한다.

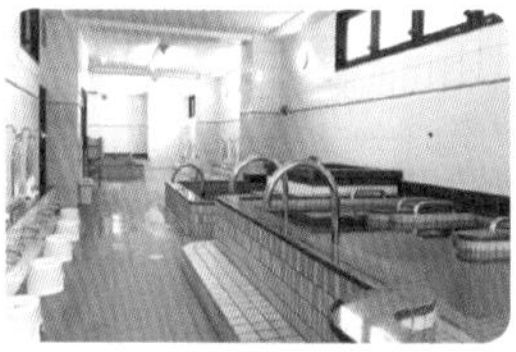
▲ 센토

한편, '온천'은 섭씨 25도 이상의 원천에서 끌어온 물을 사용하는 공중목욕탕을 말하는데, 물에는 여러 가지 성분이 함유되어 있다. 실외의 '노천탕'에서는 사계절의 자연을 바라보며 목욕을 즐길 수 있다.

▲ 온천

입욕 매너, 가케유(かけ湯)

'가케유'는 탕에 들어가기 전에 몸을 씻어 내기 위해 물을 끼얹는 것을 말하는데, 이것은 목욕물의 온도에 미리 적응하고자 하는 목적도 있다. 그리고 탕 안에 수건을 넣어서는 안 되며, 공중목욕탕 안에서 뛰거나 수영을 해서도 안 된다. 목욕 후에는 반드시 몸의 물을 닦고 탈의실로 들어가야 한다.

병 우유(瓶牛乳)

한국에서는 목욕 후 바나나 우유나 요구르트 등을 마시는 사람들이 많은데, 일본도 목욕 후 병 우유를 즐겨 마신다. 일본 대중목욕탕이나 온천에서 병에 담긴 커피 우유, 흰 우유를 쉽게 찾아볼 수 있다.

문법 체크 2

mp3 38

3 요일 / 시제 / 시간의 분(分) 표현

요일	월요일(月) げつようび	화요일(火) かようび	수요일(水) すいようび	목요일(木) もくようび	금요일(金) きんようび	토요일(土) どようび	일요일(日) にちようび

시제	그저께 おととい	어제 きのう	오늘 きょう	내일 あした	내일 모레 あさって

분 ふん ぶん ぷん	1분 いっぷん	2분 にふん	3분 さんぷん	4분 よんぷん	5분 ごふん
	6분 ろっぷん	7분 ななふん	8분 はっぷん	9분 きゅうふん	10분 じゅっぷん じっぷん
	20분 にじゅっぷん にじっぷん	30분* さんじゅっぷん さんじっぷん	40분 よんじゅっぷん よんじっぷん	50분 ごじゅっぷん ごじっぷん	60분 ろくじゅっぷん ろくじっぷん

* 30분은 「半(はん) 반」이라고도 함

4 명사 + でした ~었습니다

「~でした」는 「~です ~ㅂ니다」의 과거표현이다.

+ かれは だいがくせいでした。
+ ここは がくせいりょうでした。
+ きのうは かようびでした。

5 위치 표현 (상하 / 전후 / 좌우)

うえ 위	まえ 앞	みぎ 오른쪽	なか 안, 가운데
した 아래	うしろ 뒤	ひだり 왼쪽	そと 밖

+ がっこうの まえは コンビニです。
+ カフェは えきの うしろです。
+ ぎんこうは びょういんの みぎです。

TIP

「となり (바로) 옆, 이웃」는 같은 종류로 인접해 있는 것을 말한다. (장소, 시설, 물건, 사람 등)

회화 2

mp3 39

コンセントは つくえの したです。

태호가 룸메이트인 케빈에게 콘센트와 목욕탕 위치를 물어보고 있다.

テホ　ケビンさん、コンセントは どこですか。

ケビン　つくえの したです。

テホ　あ、ほんとうだ。あと おふろは どこですか。

ケビン　しょくどうの まえですよ。

テホ　なんじまでですか。

ケビン　じゅうじまでです。

テホ　えっ、きのうは はちじ にじゅっぷんまででしたよ。

ケビン　きのうは かようびで おふろそうじの ひでした。

テホ　なるほど、そうじの ひは はちじ にじゅっぷんまでですね！

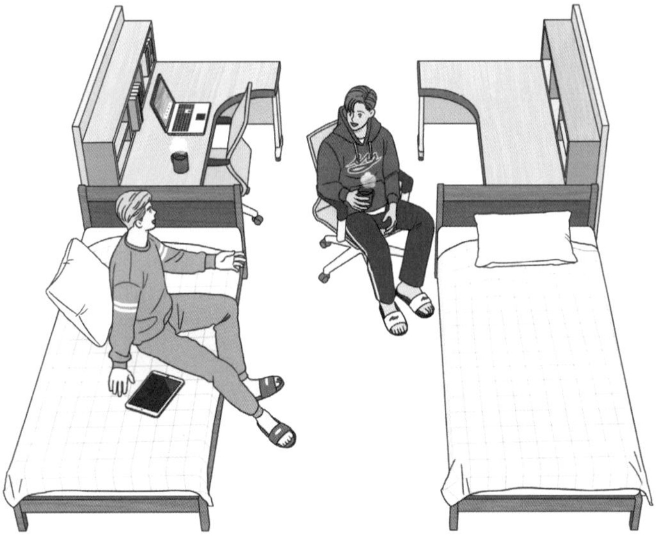

コンセント 콘센트　どこ 어디　つくえ 책상　ほんとうだ 정말이다　あと 다음　おふろ 목욕탕
しょくどう 식당　えっ 어, 앗　そうじ 청소　ひ 날, 일　なるほど 정말, 과연(동감 · 납득)

▶ 종조사「～ね」상대방에게 동의를 구하거나 확인할 때 사용한다.

문형 연습 2

コンセント / つくえ / した → コンセントは つくえの したです。

1) おふろ / しょくどう / うしろ

→ ________は ________の ________です。

2) コンビニ / えき / まえ

→ ________は ________の ________です。

3) カフェ / ホテル / した

→ ________は ________の ________です。

きのうの おふろ / はちじ はん

Ⓐ きのうの おふろは なんじまででしたか。
Ⓑ はちじ はんまででした。

4) きのうの じゅぎょう / よじ はん

Ⓐ ________は なんじまででしたか。
Ⓑ ________まででした。

5) おとといの かいぎ / ごじ はん

Ⓐ ________は なんじまででしたか。
Ⓑ ________まででした。

6) きのう / どようび

Ⓐ ________は なんようびでしたか。
Ⓑ ________でした。

ホテル 호텔　かいぎ 회의　なんようび 무슨 요일

연습 문제

1 다음 내용을 잘 듣고 밑줄 친 곳에 알맞은 말을 써 보세요. mp3 40

Ⓐ こんしゅうの かいぎは ＿＿＿＿＿＿ですか。

Ⓑ ＿＿＿＿の 10じ＿＿＿＿ 11じ＿＿＿＿ですよ。

2 다음 보기와 같이 주어진 단어를 활용해 말해 보세요.

보기

Ⓐ しょくどうは なんじからですか。

Ⓑ ごぜん 10じ からです。

1) あさ 8じ　2) ごご 4じ　3) ごぜん 9じ　4) ひる 12じ

보기

コンビニは えきの となり です。

5) まえ　6) うしろ　7) なか　8) ひだり

3 다음 대화의 ＿＿에 들어갈 알맞은 말을 써 보세요.

1) 2かい＿＿＿＿(~부터) 4かい＿＿＿＿(~까지) が じょしべやです。

2) ＿＿＿＿(그저께) は なんようび＿＿＿＿(~이었습니까?)。

3) かいしゃは ＿＿＿＿(월요일) から ＿＿＿＿(목요일) までです。

こんしゅう 이번 주　あさ 아침　ごぜん 오전　ひる 낮, 점심

4 다음 대화 및 질문에 대하여 자유롭게 답해 보세요.

1) あなたの いえの もんげんは なんじですか。(시간)

보기
よる 12じです。

➡

2) きのうの じゅぎょうは なんじまででしたか。(~(이)었습니다)

보기
ごご 5じ はんまででした。

➡

5 내용을 읽고 ○ × 체크를 해 보세요.

1) 숫자 '4'는 뒤에 붙는 조수사(단위)에 따라 읽는 방법이 달라진다. ○ ×

2) 아르바이트의 줄임말로 일본에서는 「バイト」라고 한다. ○ ×

3) '~이/가'의 의미로 조사 「~が」를 사용한다. ○ ×

4) '~와/과'의 의미로 조사 「~と」를 사용한다. ○ ×

5) 명사의 정중한 과거표현은 「~です」를 사용한다. ○ ×

일본

여행지 음식

규슈 향토 음식 편

규슈는 일본의 4개 큰 섬 중에서 가장 남쪽에 위치하며, 많은 여행객이 방문하는 장소이다.

하카타 라멘(博多ラーメン)

하카타 라멘은 후쿠오카뿐만 아니라 일본 전국에서도 유명하다. 라멘의 베이스가 되는 육수는 돈코츠(돼지 뼈)를 푹 고아 만든다. 보통의 일본 라멘보다 면이 얇고, 면의 경도(단단한 정도)를 선택할 수 있다. 추가 주문 시, 카에다마(かえだま, 替え玉)라고 하여 별도의 그릇에 면을 추가하여 제공한다. 하카타 라멘의 토핑으로는 다진 파, 카라시 타카나(매운 갓 무침), 붉은 초생강 등이 있다.

나가사키 짬뽕(長崎ちゃんぽん)

나가사키 짬뽕은 맛과 역사를 품은 규슈 나가사키의 대표 음식이다. 이 요리는 일본에 있는 중국 유학생들을 위해서 만들어진 것에서 유래되었다. 나가사키 짬뽕은 카스텔라와 더불어 나가사키의 명물이다.

모츠나베(もつ鍋)

하카타 지역에서 유래된 모츠나베는 소고기나 돼지의 곱창으로 만든 전골 요리로, 단백질량이 많고 칼로리는 보기보다 높지 않다고 한다. 특히 겨울에 추위를 이기는 음식으로 인기가 있다.

멘타이코(明太子)

명태의 알을 소금과 고춧가루에 절인 멘타이코(명란젓)는 후쿠오카의 특산품이다. 높은 품질과 신선함으로 유명하다. 멘타이코는 생으로 먹거나 살짝 구워서 먹는다. 원래는 한국에서 건너간 음식이지만 일본인들이 즐겨 먹는 음식 중의 하나이다.

UNIT

04

학식은 맛있고 양도 많아요

학습 포인트

- い형용사의 기본형과 명사 수식형
- い형용사의 정중한 긍정표현
- い형용사의 정중한 부정표현
- い형용사의 연결형(て형)

학습 내용

음성 듣기

- 今日(きょう)は いい 天気(てんき)ですね。
  오늘은 좋은 날씨군요(오늘은 날씨가 좋네요).
- 学校(がっこう)は 近(ちか)いです。
  학교는 가까워요.
- でも 日本(にほん)の キムチは からく ありませんよね。
  근데, 일본 김치는 맵지 않죠?
- からくて 少(すこ)し すっぱいです。
  맵고 약간 시큼해요.

문법 체크 1

mp3 41

1 い형용사의 기본형과 명사 수식형 ~(하)다 / ~인, ~한

기본형은 어미가 「い」로 끝난다. い형용사의 명사 수식형은 기본형과 동일한 형태로 쓰며, 뒤에 오는 명사를 수식한다.

+ たこやきは おいしい。(기본형) / おいしい たこやき (명사 수식형)
+ かれは やさしい。(기본형) / やさしい 人(ひと) (명사 수식형)
+ あなたは つよい。(기본형) / つよい 人(ひと) (명사 수식형)

2 い형용사의 정중한 긍정표현 ~ㅂ니다

い형용사의 기본형에 「です」를 붙인다.

+ にほんの なつは あついです。
+ 会社(かいしゃ)は とおいです。
+ この お菓子(かし)は あまいですか。

어휘 플러스

대비되는 い형용사

いい(よい)・わるい 좋다 · 나쁘다	ながい・みじかい 길다 · 짧다	あたらしい・ふるい 새롭다 · 낡다	はやい・おそい 빠르다 · 늦다
うれしい・かなしい 기쁘다 · 슬프다	ひろい・せまい 넓다 · 좁다	おいしい・まずい 맛있다 · 맛없다	おおい・すくない 많다 · 적다
かるい・おもい 가볍다 · 무겁다	つよい・よわい 강하다 · 약하다	とおい・ちかい 멀다 · 가깝다	おもしろい・つまらない 재밌다 · 지루하다
おおきい・ちいさい 크다 · 작다	易(やさ)しい・むずかしい 쉽다 · 어렵다	ひくい・たかい 낮다 · 높다	やすい・たかい 싸다 · 비싸다
つめたい・熱(あつ)い 차갑다 · 뜨겁다	さむい・暑(あつ)い 춥다 · 덥다	うすい・厚(あつ)い 얇다 · 두껍다	すずしい・あたたかい 시원하다 · 따뜻하다

たこやき 타코야키　人(ひと) 사람　なつ 여름　お菓子(かし) 과자　あまい 달다

회화 1

mp3 42

学校(がっこう)は 近(ちか)いですか。

케빈과 인사를 나눈 뒤, 세 친구가 등교한다.

ケビン　いってらっしゃい！

テホ・ジヘ　いってきます。

めぐみ　テホさん、ジヘさん、おはようございます。

テホ・ジヘ　おはようございます。

めぐみ　今日(きょう)は いい 天気(てんき)ですね。

ジヘ　そうですね。学校(がっこう)は 近(ちか)いですか。

めぐみ　はい、近(ちか)いですよ。

ジヘ　あれですか。

めぐみ　いいえ、あの 白(しろ)い たてものです。

テホ　わぁ、ほんとうに 近(ちか)い！

いってらっしゃい 다녀오세요　いってきます 다녀오겠습니다　おはようございます 안녕하세요(아침)
今日(きょう) 오늘　天気(てんき) 날씨　学校(がっこう) 학교　近(ちか)い 가깝다　白(しろ)い 하얗다　たてもの 건물
わあ 와(감탄사)　ほんとうに 정말로

문형 연습 1

学校(がっこう) / 近(ちか)い → 学校(がっこう)は 近(ちか)いです。

1) かんこくの ふゆ / さむい → ______________ は ______________ です。

2) 大学(だいがく)の せいかつ / たのしい → ______________ は ______________ です。

3) すうがくの じゅぎょう / むずかしい → ______________ は ______________ です。

学校(がっこう) / 白(しろ)い / たてもの

Ⓐ 学校(がっこう)は どこですか。
Ⓑ あの 白(しろ)い たてものです。

4) 大学(だいがく) / 青(あお)い / たてもの

Ⓐ ______________ は どこですか。

Ⓑ あの ______________ です。

5) たなかさんの いえ / 赤(あか)い / やねの いえ

Ⓐ ______________ は どこですか。

Ⓑ あの ______________ です。

6) あべの ハルカス / たかい / ビル

Ⓐ ______________ は どこですか。

Ⓑ あの ______________ です。

ふゆ 겨울　せいかつ 생활　たのしい 즐겁다　すうがく 수학　大学(だいがく) 대학
青(あお)い 파랗다　いえ 집　赤(あか)い 빨갛다　やね 지붕　あべの ハルカス 아베노 하루카스(랜드마크)
ビル 빌딩

일본 문화 이야기

자전거 문화

일본어로 자전거를 '지텐샤(じてんしゃ, 自転車)'라고 한다. 일본은 자전거 천국이라 불릴 정도로 자전거를 많이 이용한다. 자전거 이용이 많은 만큼 자전거 주차와 교통법 등도 엄격하게 정해져 있다. 일본의 일상생활에서는 흔히 앞에 바구니가 달리고 자전거 핸들이 운전자 쪽으로 휘어져 있는 종류의 자전거를 많이 사용한다. 이러한 자전거를 '마마챠리(ママチャリ)' 또는 '시티 사이클'이라고도 한다.

일본 대표적인 공유 자전거

◆ DOCOMO BIKE SHARE

일본 수도인 도쿄를 중심으로 오사카, 나라, 히로시마 등에서 서비스를 시행 중인 공유 자전거이다. 신용 카드나 휴대폰으로 결제할 수 있으며, 전동 자전거이다.

◆ HELLO CYCLING

도쿄를 중심으로 전국에서 이용할 수 있는 공유 사이클링 서비스이다. HELLO CYCLING도 신용 카드, 휴대폰 결제, 전자 머니를 이용하여 결제를 할 수 있다. 이 공유 자전거도 전동 자전거이기 때문에 편리하게 사용할 수 있다.

◆ PIPPA

도쿄, 교토, 미야자키 등 여러 곳에서 이용되고 있는 공유 자전거이다. PIPPA도 신용 카드, 휴대폰 결제, 전자 머니로 결제 가능하며, 이 공유 자전거는 전동 자전거가 아닌 일반 자전거이다.

◆ Charichari

도쿄, 후쿠오카, 나고야, 구마모토 등에서 이용되고 있는 공유 자전거이다. 지불 방법은 신용 카드, 휴대폰 결제, 전자 머니로 결제 가능하다. Charichari는 전동 자전거와 일반 자전거 둘 다 이용 가능하다.

공유 자전거 이용 순서 (https://pippa.co.jp/flow)

STEP 1 어플 다운로드 / STEP 2 회원 정보 등록 / STEP 3 지불 방법 선택 / STEP 4 이용 개시 / STEP 5 반납

문법 체크 2

mp3 43

3 い형용사의 정중한 부정표현 ~(하)지 않습니다

い형용사의 어미「い」를「く」로 바꾸고 부정의「ない」를 붙이면 부정표현이 된다. 이때 부정의「ない」를 정중하게 표현하고 싶을 때는「ない」 뒤에「です」를 붙여「ないです」라고 하면 된다. 또한「ないです」는「ありません」으로 바꾸어 표현할 수 있다.

+ 今日(きょう)は さむく ありません。
+ 学校(がっこう)は 近(ちか)く ありません。
+ 外(そと)は 暑(あつ)く ないですか。

4 い형용사의 연결형(て형) ~(하)고, ~(해)서

い형용사의 어미「い」를「く」로 바꾸고 부정의「て」를 붙이면 연결형이 된다.

+ 教室(きょうしつ)は せまくて くらいです。
+ 先生(せんせい)は おもしろくて やさしいです。
+ 学食(がくしょく)は やすくて いいです。

어휘 플러스

いい와 よい

いい는 어미가 변화하지 않는 정중한 긍정표현(いいです)이나 명사 수식표현(いい＋명사: いい人(ひと))과 같은 경우에 사용되며(よい도 사용 가능하지만, 회화체에서는 주로 いい를 사용), よい는 어미가 변화하는 부정표현이나 과거표현 등의 경우에 사용한다.

+ 今日(きょう)は 天気(てんき)が いいですね。
+ テホさんは いい 人(ひと)ですよ。
+ 調子(ちょうし)が よくないです。 / イジメは よくないです。

外(そと) 밖　教室(きょうしつ) 교실　学食(がくしょく) 학생 식당　天気(てんき) 날씨　調子(ちょうし) 상태, 기세, 컨디션　イジメ 이지메, 왕따

회화 2

mp3 44

日本(にほん)の キムチは からく ありません。

지혜와 태호가 대학 식당 메뉴에 대해 메구미에게 묻고 있다.

ジヘ　食堂(しょくどう)の ごはんは どうですか。

めぐみ　おいしくて りょうも 多(おお)いです。

テホ　今日(きょう)の ひるごはんは 何(なん)ですか。

めぐみ　にくじゃがと みそしるです。それと キムチ！

ジヘ　キムチですか。でも 日本(にほん)の キムチは からく ありませんよね。

めぐみ　あ、そうですか。韓国(かんこく)の キムチは からいですか。

ジヘ　はい、からいです。

テホ　からくて 少(すこ)し すっぱいです。

食堂(しょくどう) 식당　ごはん 밥　どう 어떻게　りょう 양　多(おお)い 많다　ひるごはん 점심(밥)
にくじゃが 소고기 감자조림　みそしる 된장국　でも 하지만, 그래도, 그런데(근데)　キムチ 김치
からい 맵다　少(すこ)し 조금, 약간　すっぱい 시다

▶ 종조사「よね」 '~하죠'라는 뜻으로,「よ(주장)」와「ね(확인)」가 결합된 형태이며 동의 및 공감을 요구할 때 쓴다.

문형 연습 2

日本(にほん)の キムチ / からい → 日本(にほん)の キムチは からく ありません。

1) 日本語(にほんご) / むずかしい → ＿＿＿＿は ＿＿＿＿ ありません。

2) あの タブレット / やすい → ＿＿＿＿は ＿＿＿＿ ありません。

3) この カレー / おいしい → ＿＿＿＿は ＿＿＿＿ ありません。

からい / すっぱい

Ⓐ かんこくの キムチは どうですか。

Ⓑ からくて すっぱいです。

4) やわらかい / おいしい

Ⓐ あの にくは どうですか。

Ⓑ ＿＿＿＿＿＿＿＿です。

5) やさしい / かっこいい

Ⓐ かれしは どうですか。

Ⓑ ＿＿＿＿＿＿＿＿です。

6) 小(ちい)さい / かわいい

Ⓐ ねこは どうですか。

Ⓑ ＿＿＿＿＿＿＿＿です。

日本 일본　日本語 일본어　タブレット 태블릿　カレー 카레　やわらかい 부드럽다
にく 고기　優(やさ)しい 다정하다, 상냥하다　かれし 남자 친구　かっこいい 멋있다
かわいい 귀엽다　ねこ 고양이

연습 문제

1 다음 내용을 잘 듣고 밑줄 친 곳에 알맞은 말을 써 보세요. mp3 45

Ⓐ その ふくは ________ね。

Ⓑ とても ________ ________。

2 다음 보기와 같이 주어진 단어를 활용해 말해 보세요.

보기

せんぱいは やさしく ありません。

1) いそがしい　2) かわいい　3) こわい　4) おもしろい

보기

Ⓐ ぎんこうは どこですか。

Ⓑ あの 白(しろ)くて たかい たてものです。

5) 黒(くろ)い　6) 青(あお)い　7) 新(あたら)しい　8) 古(ふる)い

3 다음 대화의 ____에 들어갈 알맞은 말을 써 보세요.

1) 今日(きょう)は ________(좋은) ________(날씨) ですね。

2) 日本(にほん) ________(~의) キムチは ________(맵지) ありません。

3) ぼくの かのじょは ________(귀엽고) ________(상냥합니다)。

ふく 옷　黒(くろ)い 검다　新(あたら)しい 새롭다　古(ふる)い 오래되다　かのじょ 그녀, 여자 친구

4 다음 대화 및 질문에 대하여 자유롭게 답해 보세요.

1) 日本語(にほんご)の べんきょうは 楽(たの)しいですか。(네/아니요)

보기
はい、楽(たの)しいです。

→ はい / いいえ、

---

2) あなたの ともだちは どうですか。

보기
かっこよくて やさしいです。

→

---

5 내용을 읽고 ○ × 체크를 해 보세요.

1) い형용사 기본형은 어미가 「い」로 끝난다. ○ ×

2) い형용사의 정중형은 기본형에 「です」를 붙이면 된다. ○ ×

3) 「～く ないです」는 「～く ありません」으로 바꾸어 쓸 수 있다. ○ ×

4) い형용사인 「いい」의 부정형은 「いくない」이다. ○ ×

5) 「おいしい」를 て형으로 변형하면 「おいしいて」가 된다. ○ ×

べんきょう 공부

연습 플러스

❋ 다음은 마트 세일 광고입니다. 내용을 보고 물음에 답해 보세요.

1) 何(なに)が いちばん やすいですか。

➡ ________________

2) 何(なに)が 赤(あか)いですか。

① トマト　② ピーマン　③ キュウリ　④ スイカ

3) キュウリは からいですか。

➡ はい / いいえ、________________

4) 영업 시간을 히라가나로 쓰세요.

➡ ごぜん ________ から ごご ________ までです。

スーパー 슈퍼　セール 세일　トマト 토마토　ピーマン 피망　キュウリ 오이
スイカ 수박　営業時間(えいぎょうじかん) 영업 시간　いちばん 가장, 제일

い형용사 미니 테스트

보기 와 같이 い형용사를 활용해 보세요.

	い형용사 기본형		～くて	～く ありません
	보기 おいしい	맛있다	おいしくて	おいしく ありません
1	優(やさ)しい	상냥하다		
2	つよい	강하다		
3	おおい	많다		
4	とおい	멀다		
5	あまい	달다		
6	近(ちか)い	가깝다		
7	白(しろ)い	하얗다		
8	楽(たの)しい	즐겁다		
9	むずかしい	어렵다		
10	からい	맵다		
11	すっぱい	시다		
12	すずしい	서늘하다		
13	さむい	춥다		
14	暑(あつ)い	덥다		
15	明(あか)るい	밝다		

일본
여행지 음식

일본의 **축제 음식**

일본에서는 매년 전국 각 지역에서 축제(まつり, 祭り)가 열린다. 한여름 많은 사람이 일본 전통 의상인 유카타를 입고 축제가 열리는 장소에 모여든다. 이때 빼놓을 수 없는 것이 바로 야타이(やたい, 屋台) 음식이다. 야타이는 포장마차를 뜻한다. 축제의 대표적인 음식은 다음과 같다.

야키소바(焼きそば)

일본의 축제인 마츠리나 불꽃놀이(はなび, 花火), 꽃놀이(はなみ, 花見) 등에서 많은 사람이 즐겨 먹는 요리이다. 고기, 채소, 중화면에 소스를 넣고 볶아서 만든 일본식 볶음면이다.

카키고오리(かき氷)

한국의 팥빙수와 다르게 일본의 빙수는 얼음에 시럽만 뿌려서 먹는다. 보통 시럽도 한 종류만 뿌려 준다.

카라아게(から揚げ)

주로 닭고기에 전분 또는 밀가루를 살짝 묻혀 튀겨 낸 음식을 가리킨다.

링고아메(りんごあめ)

사과로 만든 사탕으로, 막대기에 꽂은 사과 표면에 설탕, 물엿, 초콜릿 등을 녹여 코팅시켜서 만든 음식이다.

초코바나나(チョコバナナ)

바나나에 초콜릿을 입힌 서양식 디저트이다.

프랑크푸르트(フランクフルト)

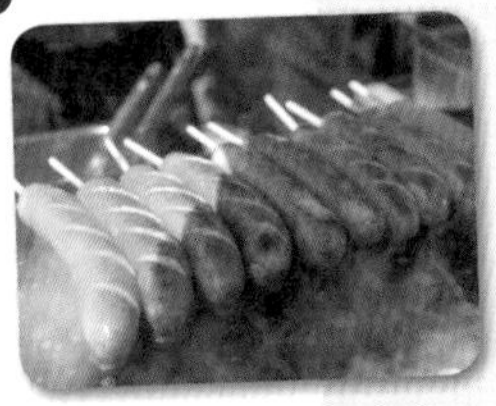

칼집을 낸 소시지를 철판에 올려 굽는 음식이다. 짭짤한 소시지 위에 케첩이나 머스터드 소스를 뿌려 먹는다.

이 밖에도 타코야키, 오코노미야키, 이카야키(오징어 구이), 와타아메(솜사탕) 등을 판매한다.

UNIT

05

어떤 음악을 좋아하세요?

학습 포인트

- な형용사의 기본형과 명사 수식형
- な형용사의 정중한 긍정표현
- な형용사의 정중한 과거표현
- な형용사의 정중한 부정표현
- な형용사의 연결형(で형)

학습 내용

음성 듣기

- ぼくが 好(す)きな アイドルの しゃしんですよ。
  제가 좋아하는 아이돌 사진이에요.
- うたが とても 上手(じょうず)です。
  노래를 굉장히 잘해요.
- ぼくは 前(まえ)は しずかな バラードが 好(す)きでした。
  저는 전에는 조용한 발라드를 좋아했어요.
- でも 私(わたし)は あまり 上手(じょうず)じゃ ありません。
  근데, 저는 별로 잘하지 못해요.
- みんな しんせつで、やさしいです。
  모두 친절하고, 상냥해요.

문법 체크 1

mp3 46

1 な형용사의 기본형과 명사 수식형 ~(하)다 / ~한, ~인

な형용사란 기본형 어미가 「だ」로 끝나는 형용사이다. な형용사는 뒤에 오는 명사를 수식할 때 어미 「だ」가 「な」로 바뀌는데 이러한 특징으로 인해 な형용사라고 한다.

+ この へやは きれいだ。(기본형) / きれいな へや (명사 수식형)
+ テホさんは まじめだ。(기본형) / まじめな 人(ひと) (명사 수식형)
+ あの かしゅが 好(す)きだ。(기본형) / 好(す)きな かしゅ (명사 수식형)

2 な형용사의 정중한 긍정표현 ~ㅂ니다

な형용사의 어미 「だ」를 없애고 「です」를 붙인다.

+ この 問題(もんだい)は かんたんです。
+ かれは サッカーが 上手(じょうず)です。
+ 日本(にほん)の 食(た)べ物(もの)は 好(す)きですか。

3 な형용사의 정중한 과거표현 ~었습니다

な형용사의 어미 「だ」를 없애고 「でした」를 붙인다.

+ わたしは やさいが きらいでした。
+ 昨日(きのう)までは ひまでした。
+ むかし、この まちは にぎやかでした。

어휘 플러스

이런	그런	저런	어떤
こんな	そんな	あんな	どんな

きれいだ 깨끗하다　まじめだ 성실하다　好(す)きだ 좋아하다　かしゅ 가수　問題(もんだい) 문제
かんたんだ 간단하다　サッカー 축구　上手(じょうず)だ 잘하다, 능숙하다　食(た)べ物(もの) 음식　やさい 채소, 야채
きらいだ 싫어하다　ひまだ 한가롭다　むかし 옛날　まち 마을　にぎやかだ 번화하다, 북적이다

회화 1

mp3 47

好(す)きな アイドルの しゃしんです。

태호와 메구미가 좋아하는 음악 장르에 대해서 이야기하고 있다.

めぐみ　それは だれの しゃしんですか。

テホ　ぼくが 好(す)きな アイドルの しゃしんですよ。

めぐみ　かわいいですね。韓国(かんこく)の アイドルですか。

テホ　はい、そうです。うたが とても 上手(じょうず)です。

めぐみ　テホさんは どんな うたが 好(す)きですか。

テホ　ぼくは 前(まえ)は しずかな バラードが 好(す)きでした。
でも 今(いま)は ロックが 好(す)きです。めぐみさんは？

めぐみ　私(わたし)は ラップが 好(す)きです。

しゃしん 사진　アイドル 아이돌　韓国(かんこく) 한국　うた 노래　とても 매우　どんな 어떤
前(まえ)は 전에는　しずかだ 조용하다　バラード 발라드　今(いま) 지금　ロック 록　ラップ 랩

▶「〜が 好(す)きだ」「好(す)きだ・きらいだ・上手(じょうず)だ・下手(へた)だ(못하다, 서투르다)」의 앞에는 조사「が」가 오는데, 우리말로는 '~을/를'로 해석된다. 그러나「好(す)きだ」는 조사「が」뿐만 아니라「を」가 오는 경우도 있다.

문형 연습 1

アイドルの うた

Ⓐ 何(なに)が 好(す)きですか。

Ⓑ アイドルの うたが 好(す)きです。

1) 計算(けいさん) ➡ Ⓐ 何(なに)が 苦手(にがて)ですか。

Ⓑ ________________が 苦手(にがて)です。

2) 家族(かぞく)と 友(とも)だち ➡ Ⓐ 何(なに)が 大事(だいじ)ですか。

Ⓑ ________________が 大事(だいじ)です。

3) スポーツと ダンス ➡ Ⓐ 何(なに)が 得意(とくい)ですか。

Ⓑ ________________が 得意(とくい)です。

しずかだ / バラード / 好(す)きだ ➡ 前(まえ)は しずかな バラードが 好きでした。

4) はでだ / 服(ふく) / きらいだ

➡ 前(まえ)は ________________が ____________でした。

5) ハードだ / スポーツ / 苦手(にがて)だ

➡ 前(まえ)は ________________が ____________でした。

6) クールだ / 女性(じょせい) / 好(す)きだ

➡ 前(まえ)は ________________が ____________でした。

計算(けいさん) 계산　苦手(にがて)だ 자신 없다, 서투르다　家族(かぞく) 가족　友(とも)だち 친구　大事(だいじ)だ 중요하다
スポーツ 스포츠　ダンス 댄스　得意(とくい)だ 자신 있다, 숙달되어 있다　はでだ 화려하다　服(ふく) 옷
ハードだ 힘들다, 고되다　クールだ 쿨하다, 시원하다　女性(じょせい) 여성

일본 문화 이야기

대중교통 문화

버스

일본은 지역에 따라 승하차의 위치가 다른 곳이 있다. 뒷문으로 버스를 타고 앞문으로 내리는 경우이다. 한국과 마찬가지로 목적지에 가까워지면 벨을 누르고 하차 준비를 하는데, 버스가 정차하고 나서 일어서서 내리면 된다.

일본 버스 요금은 현금으로 지불하거나 스이카나 파스모와 같은 교통 IC카드를 사용한다. 탈 때 뽑은 정리권 번호에 따라 내릴 때 이동 구간 만큼 요금을 지불하기도 하고, 기본 요금으로만 가는 경우도 있다.

▲ 정리권 발행기

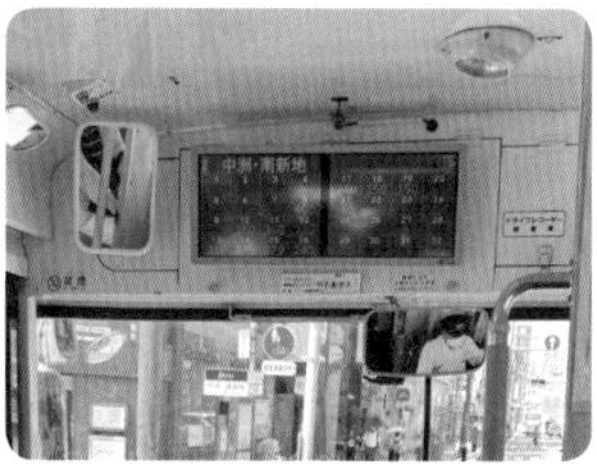

▲ 요금 전광판

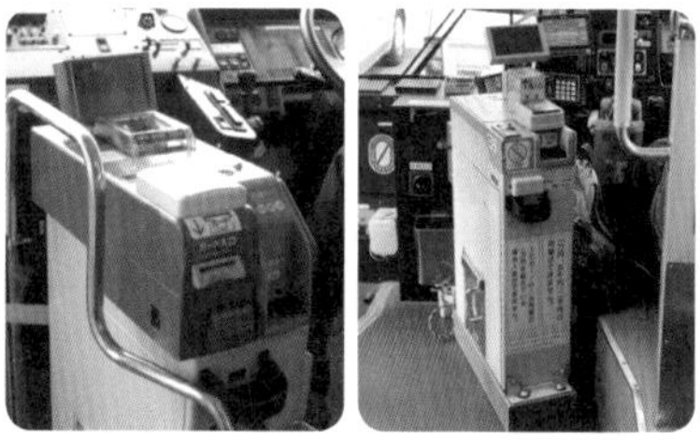

▲ 요금통

택시

일본에서도 택시 전용 승차장이 있지만, 한국과 마찬가지로 손을 들어 멈춰 세워도 된다. 일본 택시의 뒷문은 자동문이기 때문에 승객이 직접 문을 열거나 닫으면 안 된다. 캐리어나 짐이 있을 경우, 운전기사가 차에서 내려 트렁크에 짐을 실어 준다. 결제는 현금과 신용 카드, 교통 IC카드 등으로 지불할 수 있다.

문법 체크 2

mp3 48

4 な형용사의 정중한 부정표현 ~(하)지 않습니다

な형용사의 어미 「だ」를 없애고 「じゃ(では) ありません」을 붙이며, 「～じゃ(では) ないです」로 바꿔 쓸 수 있다.

+ 私(わたし)は ダンスが 得意(とくい)じゃ ありません。
+ かれは ハンサムじゃ ありません。
+ 明日(あした)は ひまじゃ ないです。

5 な형용사의 연결형(で형) ~(하)고, ~(해)서 (열거, 이유)

な형용사 어간에 「で」를 붙인다.

+ 先生(せんせい)は 親切(しんせつ)で、すてきです。
+ かのじょは きれいで、歌(うた)も 上手(じょうず)です。
+ かれは すなおで、まじめな 社員(しゃいん)です。

어휘 플러스

대비되는 な형용사

かんたんだ・ふくざつだ 간단하다 · 복잡하다	好(す)きだ・きらいだ 좋아하다 · 싫어하다	上手(じょうず)だ・下手(へた)だ 능숙하다 · 서투르다	得意(とくい)だ・苦手(にがて)だ 자신 있다 · 자신 없다
はでだ・じみだ 화려하다 · 수수하다	らくだ・たいへんだ 편하다 · 힘들다	べんりだ・ふべんだ 편리하다 · 불편하다	

자주 쓰이는 な형용사

きれいだ 깨끗하다, 예쁘다	げんきだ 활달하다, 활기차다	しあわせだ 행복하다	しんせつだ 친절하다	すてきだ 멋지다	じょうぶだ 튼튼하다
たいくつだ 지루하다	たいせつだ 중요하다	だめだ 안 된다	にぎやかだ 번화하다	ひまだ 한가하다	ほがらかだ 명랑하다
まじめだ 성실하다	しずかだ 조용하다	ゆうめいだ 유명하다	ハンサムだ 잘생겼다	りっぱだ 훌륭하다	すなおだ 순진하다 · 솔직하다

회화 2

▶mp3 49

みんな しんせつで やさしいです。

메구미가 일본 밴드 동아리에 대해서 이야기하고 있다.

めぐみ　ジヘさん、すごい！　ギターが 上手(じょうず)ですね。

ジヘ　いいえ、まだまだです。

めぐみ　もしかして バンドサークル？

ジヘ　はい、韓国(かんこく)で バンドサークルでした。

テホ　ぼくも バンドサークルでしたよ。

めぐみ　じつは 私(わたし)もです。ジヘさん、テホさん、日本(にほん)でも
バンドサークル どうですか。

ジヘ　いいですね。でも 私(わたし)は あまり 上手(じょうず)じゃ ありません。

めぐみ　だいじょうぶですよ。サークルの せんぱいは みんな しんせつで、
やさしいですから。

すごい 굉장하다　ギター 기타　まだまだだ 아직 멀었다　もしかして 혹시, 어쩌면
バンドサークル 밴드 동아리　じつは 사실은, 실은　あまり 그다지, 별로　だいじょうぶだ 괜찮다
サークル 서클, 동아리　みんな 모두　～ですから ~(이)니까, ~(이)기 때문에

▶ あまり ～じゃ(では) ありません '그다지 ~하지 않습니다'라는 뜻으로 「あまり」는 뒤에 부정표현이 오면 '그다지'라고 번역된다.

문형 연습 2

しんせつだ / やさしい / せんぱい → しんせつで やさしい せんぱいです。

1) 有名(ゆうめい)だ / おいしい / 店(みせ)

→ ______________________ です。

2) すなおだ / やさしい / おとうと

→ ______________________ です。

3) きれいだ / しずかだ / ホテル

→ ______________________ です。

ギター / 上手(じょうず)だ

Ⓐ ジヘさんは ギターが 上手(じょうず)ですか。

Ⓑ いいえ、あまり 上手(じょうず)では(じゃ) ありません。

4) ねこ / 好(す)きだ

Ⓐ ジヘさんは ____________ が ____________ ですか。

Ⓑ いいえ、あまり ____________ では(じゃ) ありません。

5) 料理(りょうり) / 得意(とくい)だ

Ⓐ ジヘさんは ____________ が ____________ ですか。

Ⓑ いいえ、あまり ____________ では(じゃ) ありません。

6) 絵(え) / 上手(じょうず)だ

Ⓐ ジヘさんは ____________ が ____________ ですか。

Ⓑ いいえ、あまり ____________ では(じゃ) ありません。

有名(ゆうめい)だ 유명하다　店(みせ) 가게　料理(りょうり) 요리　絵(え) 그림

연습 문제

1 다음 내용을 잘 듣고 밑줄 친 곳에 알맞은 말을 써 보세요. mp3 50

Ⓐ テホさんが ＿＿＿＿＿ アイドルの 写真(しゃしん)ですか。

Ⓑ はい。この アイドルは ＿＿＿＿＿ が とても ＿＿＿＿＿です。

2 다음 보기와 같이 주어진 단어를 활용해 말해 보세요.

보기

Ⓐ あの しずかな 人(ひと)は だれですか。

Ⓑ ぼくの せんぱいです。

1) ハンサムだ 2) きれいだ 3) ほがらかだ 4) しんせつだ

보기

かれは しんせつじゃ ありません。

5) ひまだ 6) まじめだ 7) 有名(ゆうめい)だ 8) かわいそうだ

3 다음 대화의 ＿＿ 에 들어갈 알맞은 말을 써 보세요.

1) どんな うた ＿＿＿＿ ＿＿＿＿＿＿＿＿。
~을/를 좋아합니까?

2) とても ＿＿＿＿＿ せんぱいです。
친절한

3) あの 人(ひと)は 日本語(にほんご) ＿＿＿＿ ＿＿＿＿＿＿＿＿ 英語(えいご)も ＿＿＿＿＿＿＿＿。
~을/를 잘하고 잘합니다

ほがらかだ 명랑하다 かわいそうだ 불쌍하다

4 다음 대화 및 질문에 대하여 자유롭게 답해 보세요.

1) あなたは 歌(うた)が 得意(とくい)ですか。(네/아니요)

➡ はい / いいえ、

2) どんな 人(ひと)が 好(す)きですか。(명사 수식)

보기

しんせつで かっこいい 人(ひと)が 好(す)きです。

➡

5 내용을 읽고 ○ × 체크를 해 보세요.

1) な형용사는 기본형 어미가 「だ」로 끝나는 형용사이다. ○ ×

2) 「好(す)きだ」의 앞에 조사는 일반적으로 「～が」를 쓴다. ○ ×

3) な형용사의 정중한 부정표현은 「だ」를 떼고 「～では ありません」을 붙이면 된다. ○ ×

4) な형용사 「ひまだ」의 정중한 과거표현은 「ひまです」이다. ○ ×

5) な형용사 뒤에 오는 명사를 수식할 때 어미 「だ」가 「な」로 바뀌기 때문에 な형용사라고 한다. ○ ×

연습 플러스

다음은 지혜가 '좋아하는 가수 소개하기'라는 주제로 쓴 작문입니다. 글을 읽고 물음에 답해 보세요.

こんにちは。

イ・ジヘです。

これは わたしが **a.** 좋아하는 アイドルの しゃしんです。

なまえは ROK48です。

b. かわいい、ダンスが 上手(じょうず)です。

c. 前(まえ)は ラップが 上手(じょうず)な アイドルが 好(す)きです。

でも いまは あまり 好(す)きじゃ ありません。

みなさんは どんな アイドルが **d.** ________。

1) **a.** ______ 에 알맞은 な형용사의 활용형을 일본어로 쓰세요.

➡

2) **b.** かわいい가 て형으로 연결될 수 있도록 바꿔 보세요.

➡

3) **c.** ______ 문장에서 잘못된 표현을 찾아 올바르게 고쳐 보세요.

➡

4) **d.** ______ 에 들어갈 표현으로 알맞은 것을 고르세요.

① 好(す)きです ② 好(す)きでした ③ 好(す)きな ④ 好(す)きですか

な형용사 미니 테스트

보기 와 같이 な형용사를 활용해 보세요.

な형용사 기본형			～な	～で	～じゃ ありません
보기	まじめだ	성실하다	まじめな	まじめで	まじめじゃ ありません
1	きれいだ	깨끗하다 예쁘다			
2	好(す)きだ	좋아하다			
3	べんりだ	편리하다			
4	かんたんだ	간단하다			
5	上手(じょうず)だ	잘하다 능숙하다			
6	にぎやかだ	북적이다 번화하다			
7	ひまだ	한가하다			
8	すてきだ	멋지다			
9	げんきだ	활달하다 건강하다			
10	しずかだ	조용하다			
11	おしゃれだ	멋있다 멋쟁이다			
12	大丈夫(だいじょうぶ)だ	괜찮다			
13	有名(ゆうめい)だ	유명하다			
14	ハンサムだ	잘생겼다			
15	きらいだ	싫어하다			

일본
여행지 음식

회전 초밥(回転寿司) 체인점

회전 초밥(스시)은 다른 초밥 가게에 비해 빠른 서비스와 저렴한 가격으로 먹을 수 있는 곳이다. 회전 초밥은 '겐로쿠스시'라는 초밥집에서 처음 시작되었다. 아사히 맥주 공장에서 맥주가 컨베이어 벨트에 올려져 옮겨지는 모습을 보고 초밥집에 응용하게 되면서 회전 초밥이 탄생하게 되었다.

스시로(スシロー)

오사카에서 '스시타로'라는 이름으로 시작한 회전 초밥집으로, 현재는 일본 전국에서 쉽게 찾아볼 수 있다. 80개 이상의 초밥 메뉴가 있으며, 가격도 저렴하다.

쿠라스시(くら寿司)

오사카에서 시작한 회전 초밥집으로, 전국에 약 420개 지점이 있다. 일본뿐만이 아니라 미국, 대만에도 지점이 있다. 다른 초밥집과 다른 점은 다 먹은 접시를 테이블 위에 쌓아 놓지 않고 테이블에 있는 구멍으로 넣는다는 것이다. 또, 햄버거 주문도 가능하다.

하마스시(はま寿司)

하마스시는 전국에서 가장 많은 지점을 가지고 있으며, 100여 종의 초밥이 있다. 가격도 매우 저렴한 편이며, 평일에는 주말보다 가격이 더 저렴하다. 소갈비, 스테이크, 덴푸라(튀김) 등 특색 있는 초밥도 있다.

갓파스시(かっぱ寿司)

갓파스시는 1979년에 시작된 회전 초밥 체인점으로, 터치 패널 주문 방식을 처음으로 도입했다.

UNIT

06

무엇을 가지고 싶나요?

학습 포인트

- ここ · そこ · あそこ · どこ (こそあど-3)
- あります / ありません
- 다양한 조수사 (〜円(えん)·個(こ)·本(ほん)·枚(まい)·匹(ひき))
- 〜が ほしい
- い형용사의 정중한 과거표현

학습 내용

음성 듣기

- ばいてんは どこですか。
  매점은 어디예요?
- 1階(かい)に あります。/ この 階(かい)には ありません。
  1층에 있어요. / 이 층에는 없어요.
- 100円(えん)、3枚(まい)、5匹(ひき)
  100엔, 3장, 5마리
- この 中(なか)で 何(なに)が ほしいですか。
  이 중에서 무엇을 갖고 싶나요?
- きょうかしょも ざっしも 安(やす)かったです。
  교과서도 잡지도 저렴했어요.

문법 체크 1

mp3 51

1 ここ·そこ·あそこ·どこ 이곳 · 그곳 · 저곳 · 어디

장소를 가리키는 지시대명사이다. 말하는 사람(화자)과 듣는 사람(청자), 사물의 위치에 따라 구별해서 사용한다.

화자 근처	청자 근처	먼 곳	의문(부정칭)
ここ 여기, 이곳	そこ 거기, 그곳	あそこ 저기, 저곳	どこ 어디, 어느 곳

+ ここは ゆうびんきょくです。
+ そこは 教室(きょうしつ)です。
+ 学校(がっこう)は どこですか。

2 あります / ありません 있습니다/없습니다

사물이나 식물 등의 존재를 나타내는 표현이다. 일반적으로 사람이나 동물에 대해서는 사용할 수 없다. 시간과 같은 추상적인 개념의 유무에도 사용된다.

+ コンビニは どこに ありますか。
+ 財布(さいふ)の中(なか)には なにも ありません。
+ お昼(ひる)の 休憩(きゅうけい)は どのくらい ありますか。

ゆうびんきょく 우체국　コンビニ 편의점　財布(さいふ) 지갑　お昼(ひる) 낮, 점심　休憩(きゅうけい) 휴식
どのくらい 어느 정도

어휘 플러스

화폐 단위 (いくらですか。 얼마입니까?)

1 ~ 10円(えん)				
1엔 いちえん	2엔 にえん	3엔 さんえん	4엔 よえん	5엔 ごえん
6엔 ろくえん	7엔 ななえん	8엔 はちえん	9엔 きゅうえん	10엔 じゅうえん

10 ~ 100円(えん)				
10엔 じゅうえん	20엔 にじゅうえん	30엔 さんじゅうえん	40엔 よんじゅうえん	50엔 ごじゅうえん
60엔 ろくじゅうえん	70엔 ななじゅうえん	80엔 はちじゅうえん	90엔 きゅうじゅうえん	100엔 ひゃくえん

100 ~ 1,000円(えん)				
100엔 ひゃくえん	200엔 にひゃくえん	300엔 さんびゃくえん	400엔 よんひゃくえん	500엔 ごひゃくえん
600엔 ろっぴゃくえん	700엔 ななひゃくえん	800엔 はっぴゃくえん	900엔 きゅうひゃくえん	1,000엔 せんえん

1,000 ~ 10,000円(えん)				
1,000엔 せんえん	2,000엔 にせんえん	3,000엔 さんぜんえん	4,000엔 よんせんえん	5,000엔 ごせんえん
6,000엔 ろくせんえん	7,000엔 ななせんえん	8,000엔 はっせんえん	9,000엔 きゅうせんえん	10,000엔 いちまんえん

어휘 플러스

개수 세기

何個(なんこ) 몇 개 (~개, 개수를 셀 때 사용하는 조수사)

한 개	두 개	세 개	네 개	다섯 개
いっこ	にこ	さんこ	よんこ	ごこ
여섯 개	일곱 개	여덟 개	아홉 개	열 개
ろっこ	ななこ	はっこ / はちこ	きゅうこ	じゅっこ / じっこ

何本(なんぼん) 몇 자루/병 (~자루, ~병, 가늘고 긴 물건을 셀 때 사용하는 조수사)

한 자루/한 병	두 자루/두 병	세 자루/세 병	네 자루/네 병	다섯 자루/다섯 병
いっぽん	にほん	さんぼん	よんほん	ごほん
여섯 자루/여섯 병	일곱 자루/일곱 병	여덟 자루/여덟 병	아홉 자루/아홉 병	열 자루/열 병
ろっぽん	ななほん	はっぽん	きゅうほん	じゅっぽん / じっぽん

何枚(なんまい) 몇 장 (~장, 종이나 셔츠, 티켓 등 얇거나 평평한 것을 셀 때 사용하는 조수사)

한 장	두 장	세 장	네 장	다섯 장
いちまい	にまい	さんまい	よんまい	ごまい
여섯 장	일곱 장	여덟 장	아홉 장	열 장
ろくまい	ななまい / しちまい	はちまい	きゅうまい	じゅうまい

何匹(なんびき) 몇 마리 (~마리, 동물을 셀 때 사용하는 조수사)

한 마리	두 마리	세 마리	네 마리	다섯 마리
いっぴき	にひき	さんびき	よんひき	ごひき
여섯 마리	일곱 마리	여덟 마리	아홉 마리	열 마리
ろっぴき	ななひき	はっぴき	きゅうひき	じゅっぴき / じっぴき

회화 1

mp3 52

この 階(かい)には ありません。

메구미가 학교 매점 할인에 대해 이야기하고 있다.

テホ　ジヘさん、作文(さくぶん)の きょうかしょは いくらでしたか。

ジヘ　1,500円(えん)でした。

テホ　えっ、1,700円(えん)じゃ ありませんか？

めぐみ　学校(がっこう)の ばいてんは わりびきが ありますよ。

テホ　本当(ほんとう)ですか！ ばいてんは どこですか。

めぐみ　この 階(かい)には ありません。
1階(いっかい)に あります。

作文(さくぶん) 작문　きょうかしょ 교과서, 교재　いくら 얼마　えっ 어, 앗　ばいてん 매점　階(かい) 층
わりびき 할인　本当(ほんとう) 정말

문형 연습 1

ばいてん / そこ → ばいてんは そこですか。

1) スーパー / あそこ → ＿＿＿＿＿＿は ＿＿＿＿＿＿ですか。

2) 食堂(しょくどう) / ここ → ＿＿＿＿＿＿は ＿＿＿＿＿＿ですか。

3) トイレ / どこ → ＿＿＿＿＿＿は ＿＿＿＿＿＿ですか。

学校(がっこう) / 本屋(ほんや) / ばいてん	Ⓐ 学校(がっこう)に 本屋(ほんや)は ありますか。 Ⓑ いいえ、本屋(ほんや)は ありません。ばいてんは あります。

4) 駅(えき)の 近(ちか)く / 銀行(ぎんこう) / ATM

Ⓐ ＿＿＿＿＿＿に ＿＿＿＿＿＿は ありますか。

Ⓑ いいえ、＿＿＿＿＿＿は ありません。＿＿＿＿＿＿は あります。

5) 財布(さいふ) / 一万円札(いちまんえんさつ) / 五千円札(ごせんえんさつ)

Ⓐ ＿＿＿＿＿＿に ＿＿＿＿＿＿は ありますか。

Ⓑ いいえ、＿＿＿＿＿＿は ありません。＿＿＿＿＿＿は あります。

6) 家(いえ) / こたつ / ストーブ

Ⓐ ＿＿＿＿＿＿に ＿＿＿＿＿＿は ありますか。

Ⓑ いいえ、＿＿＿＿＿＿は ありません。＿＿＿＿＿＿は あります。

スーパー 슈퍼　食堂(しょくどう) 식당　トイレ 화장실　本屋(ほんや) 서점　駅(えき) 역　近(ちか)く 근처　銀行(ぎんこう) 은행
札(さつ) 지폐　こたつ 고타쓰　ストーブ 스토브, 난로

일본 문화 이야기

식사 예절

일본에서는 밥그릇과 국그릇을 손에 들고 먹는다. 함께 나누어 먹는 음식은 공용 젓가락으로 개인 접시에 덜어서 먹는다. 식사 중에 먹는 소리를 주의해야 되지만, 면종류의 음식을 먹을 때는 예외적으로 소리를 내서 먹어도 된다.

식사 시 인사말

「いただきます」는 '잘 먹겠습니다'라는 뜻으로, 식사를 시작할 때 하는 인사말이다. 이 인사말에는 식사를 할 수 있게 해 주신 분들에 대한 감사와 식재료에 대한 고마운 마음을 담아 표현하는 인사말이다.
「ごちそうさまでした」는 '잘 먹었습니다'라는 뜻으로, 식사 후에 하는 인사말이다. 이 인사말에도 식사를 준비해 준 사람에 대한 감사의 마음이 담겨 있다.

젓가락 사용 시 주의해야 할 점

일본에서는 숟가락을 사용하지 않고 젓가락을 주로 사용한다. 그래서 젓가락 사용할 때, 주의할 점이 여러 가지가 있는데, 해서는 안 되는 몇 가지 행동을 살펴보자.
일본에서는 젓가락을 가로로 놓는다. 뾰족한 젓가락을 세로로 상대방을 향해 놓으면, 적에게 칼을 향하는 모습과 같다고 생각되기 때문이다.

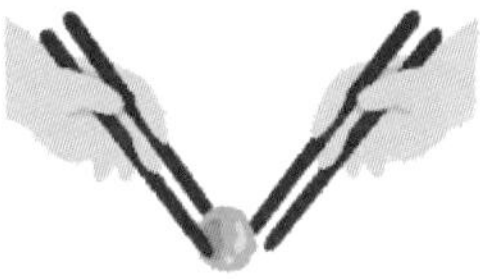

하시와타시

젓가락으로 음식을 주고받는 것을 '하시와타시(はしわたし, 箸渡し)'라고 하는데 이는 금기시 되는 행동이다. 일본의 화장(火葬) 풍습 중에 유골을 젓가락에서 젓가락으로 옮기는 행위가 있기 때문이다. 따라서 음식을 젓가락으로 주고받지 않는다.

사구리바시

사구리바시(さぐりばし, 探り箸)는 젓가락으로 음식을 뒤적거리는 행위를 말한다. 젓가락으로 그릇 안을 휘저어서 음식을 찾거나 형태를 망가뜨리는 일은 금해야 한다.

다테바시

음식에 젓가락을 꽂아 놓는 것을 '다테바시(たてばし, 立て箸)'라고 하는데 이 역시 제사 음식에만 사용되기 때문에 주의해야 한다.

문법 체크 2

mp3 53

3 ～が ほしい ~을/를 원하다(가지고 싶다)

화자의 바람이나 희망 등을 나타낸다. 「ほしい」는 い형용사이다.

+ 休(やす)みが ほしいです。
+ わたしは お金(かね)が ほしいです。
+ 誕生日(たんじょうび)に なにが ほしいですか。

TIP
윗사람에게 「～が ほしいですか」를 사용하면 실례가 된다.

4 い형용사의 정중한 과거표현 ~었습니다

い형용사의 과거형은 어미 「い」를 빼고 「かった」를 붙인다. 정중한 표현은 「かった」 뒤에 「です」를 붙이면 된다. 그러나 기본형에 「でした」를 붙여서 오류를 범하는 경우가 많다.

ex) 暑(あつ)かったです(○) → 暑(あつ)いでした(×)

+ 昨日(きのう)は すごく 楽(たの)しかった。
+ 去年(きょねん)の 夏(なつ)は とても 暑(あつ)かったです。
+ その 本(ほん)は {おもしろかったです(○) / おもしろいでした(×)}。

TIP
「いい・よい」는 과거형으로 바꿀 때 「いかった」가 아니라 「よかった」로 바꿔야 한다. 따라서 「よい」만 활용 가능하다.

休(やす)み 휴일　お金(かね) 돈　誕生日(たんじょうび) 생일　昨日(きのう) 어제　すごく 엄청, 대단히, 완전　去年(きょねん) 작년
夏(なつ) 여름　暑(あつ)い 덥다　本(ほん) 책

회화 2

mp3 54

ざっしも やすかったです。

매점에서 사온 교재와 패션 잡지에 대해서 이야기 나누고 있다.

テホ　きょうかしょも ざっしも 安(やす)かったです。

めぐみ　よかったですね。

ジヘ　それが ざっしですか？

テホ　はい。これ、ぼくが 好(す)きな ファッションざっしです。

めぐみ　あっ、その ざっし 私(わたし)も 好(す)きです。

ジヘ　その 中(なか)で 何(なに)が ほしいですか。

テホ　この くつが ほしいです。
ジヘさんは 何(なに)が ほしいですか。

ジヘ　私(わたし)は その 帽子(ぼうし)が ほしいです。

ざっし 잡지　ファッション 패션　あっ 앗(놀람)　~中(なか)で ~중에서　帽子(ぼうし) 모자

문형 연습 2

ざっし / 安い(やす) → ざっしが 安かった(やす)です。

1) 帽子(ぼうし) / ほしい → ________が ________です。

2) 気温(きおん) / 高い(たか) → ________が ________です。

3) 天気(てんき) / いい → ________が ________です。

帽子屋(ぼうしや)さん / 帽子(ぼうし)

Ⓐ あそこに 帽子屋(ぼうしや)さんが ありますよ。

Ⓑ わぁ、あの 帽子(ぼうし)が ほしいです。

4) 本屋(ほんや)さん / 日本語(にほんご)の 本(ほん)

Ⓐ あそこに ________が ありますよ。

Ⓑ わぁ、あの ________が ほしいです。

5) 花屋(はなや)さん / バラの 花(はな)

Ⓐ あそこに ________が ありますよ。

Ⓑ わぁ、あの ________が ほしいです。

6) 免税店(めんぜいてん) / ネックレス

Ⓐ あそこに ________が ありますよ。

Ⓑ わぁ、あの ________が ほしいです。

気温(きおん) 기온　高い(たか) 높다　帽子屋(ぼうしや)さん 모자 가게　本屋(ほんや)さん 서점　わぁ 와(감탄)

日本語(にほんご) 일본어　花屋(はなや)さん 꽃 가게　バラ 장미　免税店(めんぜいてん) 면세점　ネックレス 목걸이

연습 문제

1 다음 내용을 잘 듣고 밑줄 친 곳에 알맞은 말을 써 보세요. mp3 55

Ⓐ その くつ ____________ でしたか。

Ⓑ これですか。 ______________________ でした。

2 다음 보기와 같이 주어진 단어를 활용해 말해 보세요.

보기

Ⓐ ばいてんは どこですか。

Ⓑ あそこに ありますよ。

1) トイレ　2) やっきょく　3) えき　4) コンビニ

보기

昨日(きのう)は とても 忙(いそが)しかったです。

5) 暑(あつ)い　6) 寒(さむ)い　7) すずしい　8) あたたかい

3 다음 대화의 ____ 에 들어갈 알맞은 말을 써 보세요.

1) ____________ に ぎんこうが ________________ 。
저기 / 있습니다

2) くつ ______ 帽子(ぼうし) ______ ________________ 。
~도 / ~도 / 저렴했습니다

3) この 中(なか)で 何(なに) ______ ________________ ですか。
~을/를 / 가지고 싶다

やっきょく 약국　忙(いそが)しい 바쁘다

4 다음 대화 및 질문에 대하여 자유롭게 답해 보세요.

1) 学校(がっこう)に ATMは ありますか。(네 / 아니요)

보기
はい、 ばいてんの まえに あります。

→ はい / いいえ、

---

2) あなたは いま 何(なに)が ほしいですか。

보기
わたしは シンプルな パーカーが ほしいです。

→

---

5 내용을 읽고 ○ × 체크를 해 보세요.

1) '이곳'이라는 뜻을 가진 일본어는 「ここ」이다. ○ ×

2) '귀엽다'를 뜻하는 일본어의 과거형은 「かわかった」이다. ○ ×

3) 「あります」는 일반적으로 사람이나 동물에게 사용할 수 없다. ○ ×

4) 형용사 「いい」의 과거형은 「いかった」이다. ○ ×

5) 「さむい」의 정중한 과거표현은 「さむいでした」이다. ○ ×

シンプルだ 심플하다

일본

여행지 음식

3대 규동(牛丼) 체인점

규동은 소고기 덮밥이며, 규동의 '규(ぎゅう, 牛)'는 '소고기', '동(どん, 丼)'은 '덮밥(돈부리)'을 말한다. 규동 체인점에서는 저렴한 가격에 규동을 판매하고 있으며, 대표적인 곳으로는 마츠야, 요시노야, 스키야가 있다. 이 외에도 비슷한 가게들이 많이 생겨나고 있다.

마츠야(松屋)

1980년부터 시작되었으며, 마츠야의 규동은 달콤하고 짭잘한 소고기와 양파를 위에 얹은 덮밥이다. 파와 간 무뿐만 아니라 다른 양념도 첨가할 수 있다. 규동 외에도 다른 종류의 덮밥(돈부리), 카레, 우동 등이 있다.

스키야(すき家)

스키야는 1982년부터 규동을 판매하기 시작했으며, 김치, 치즈, 날달걀, 간 마와 같은 토핑을 추가할 수 있다. 연어 구이, 카레, 소고기볶음, 일본 전통 요리 주문도 가능하다.

요시노야(吉野家)

요시노야는 1899년에 시작되었으며, 규동 체인점 중 가장 오래된 곳이다. 100년이 넘는 기간 동안 저렴한 가격으로 규동을 판매해 왔다. 이 가게의 상징인 주황색 줄무늬 간판은 멀리에서도 쉽게 알아볼 수 있다.

※일본 도시락 '벤토(弁当)' 체인점

일본에도 도시락 가게들이 많이 있다. 각 지역마다 도시락 체인점이 있어서 쉽게 구매할 수 있으며, 체인점이 아니더라도 편의점이나 슈퍼와 같은 곳에서도 도시락을 구매할 수 있다.

▲ 오리진 벤토

▲ 홋카홋카테이

▲ 호토모토

UNIT

07

가족은 몇 명이에요?

학습 포인트

- 사람 수 세는 방법
- 개수 세는 방법
- ～ください
- 가족 명칭 (호칭)
- います / いません

학습 내용

음성 듣기

- うちは 5人(ごにん) かぞくですから。
  우리는 5인 가족이라서요.
- こちら ケーキ むっつです。
  여기 케이크 여섯 개예요.
- いちごケーキ みっつ ください。
  딸기 케이크 세 개 주세요.
- 私(わたし)には 姉(あね)と 弟(おとうと)が います。
  저에게는 언니와 남동생이 있어요.
- ぼくには 兄(あに)が います。/
  私(わたし)には きょうだいが いません。
  저에게는 형이 있어요. / 저에게는 형제가 없어요.

문법 체크 1

mp3 56

1 사람 수 세는 방법

ひとり, ふたり를 제외하고 세 명부터는 숫자에 にん을 붙여서 읽으면 된다.

한 명(1人)	두 명(2人)	세 명(3人)	네 명(4人)	다섯 명(5人)
ひとり	ふたり	さんにん	よにん	ごにん
여섯 명(6人)	**일곱 명(7人)**	**여덟 명(8人)**	**아홉 명(9人)**	**열 명(10人)**
ろくにん	しちにん ななにん	はちにん	くにん きゅうにん	じゅうにん

TIP
「何人(なんにん)」은 '몇 명'이라는 뜻이다.

2 개수 세는 방법

우리말의 '하나, 둘, 셋...' 또는 '한 개, 두 개, 세 개...'에 해당하는 조수사이다.

한 개	두 개	세 개	네 개	다섯 개
ひとつ	ふたつ	みっつ	よっつ	いつつ
여섯 개	**일곱 개**	**여덟 개**	**아홉 개**	**열 개**
むっつ	ななつ	やっつ	ここのつ	とお

3 ～ください ~주세요

무엇인가를 부탁할 때나 요구할 때 사용하는 표현이다. '~주세요'라는 의미이지만 명령어에 가까운 표현이기 때문에 윗사람에게 정중하게 말할 때는 사용하지 않는 편이 좋다.

+ これ ひとつ ください。
+ パンを ふたつ ください。
+ ハンバーガー よっつ ください。

TIP
「～を」는 목적격 조사로 우리말의 '~을/를'에 해당한다. 「あ행」의 「お」와 발음이 같은 「を」는 현대 일본어에서 목적격 조사로만 사용된다.

パン 빵　　ハンバーガー 햄버거

회화 1

mp3 57

いちごケーキを みっつ ください。

메구미가 케이크 전문점에서 가족 수대로 케이크를 주문하고 있다.

めぐみ　すみません、チョコケーキ ひとつと チーズケーキ ふたつと いちごケーキを みっつ ください。

店員(てんいん)　はい。

ジヘ　えっ、そんなに いっぱい…？

めぐみ　はい。うちは 5人(にん) かぞくですから。

ジヘ　でも ぜんぶで むっつですよ。

めぐみ　ふたつは 私(わたし)の 分(ぶん)です。

店員(てんいん)　おまたせしました。こちら ケーキ むっつです。

めぐみ　ありがとうございます。

すみません 여기요, 저기요　チョコケーキ 초코케이크　チーズケーキ 치즈케이크
いちごケーキ 딸기케이크　そんなに 그렇게　いっぱい 가득, 많음　うち 우리, 우리 집
かぞく 가족　ぜんぶで 전부 (다)해서　私(わたし)の 分(ぶん) 내 몫　おまたせしました 오래 기다리셨습니다

▶ すみません 「すみません」은 크게 세 가지 의미로 사용된다. ① 사과할 때: 미안합니다 ② 상대방에게 고마움을 표시할 때: 감사합니다 ③ 상점이나 식당에서 주문할 때: 여기요, 저기요

문형 연습 1

いちごケーキ / みっつ → いちごケーキを みっつ ください。

1) ハンバーガー / むっつ → ______________ を ______________ ください。

2) チケット / にまい → ______________ を ______________ ください。

3) ボールペン / ろっぽん → ______________ を ______________ ください。

かぞく / 5人(ごにん)

A かぞくは 何人(なんにん)ですか。

B 5人(ごにん)です。

4) 兄弟(きょうだい) / 4人(にん)

A ______________ は 何人(なんにん)ですか。

B ______________ です。

5) クラスメート / 28人(にん)

A ______________ は 何人(なんにん)ですか。

B ______________ です。

6) 部員(ぶいん) / 30人(にん)

A ______________ は 何人(なんにん)ですか。

B ______________ です。

チケット 티켓　ボールペン 볼펜　兄弟(きょうだい) 형제　クラスメート 동급생　部員(ぶいん) 부원

일본 문화 이야기

일본 빵집에는 왜 케이크가 없을까?

일본에서도 생일, 졸업, 입학 등 축하의 자리나 크리스마스 때 케이크를 먹는 경우가 많다. 일반적으로 한국에서는 빵집이나 제과점에서 빵과 케이크를 함께 판매하지만 일본에서는 일반 빵집에서 케이크를 판매하지 않는다.

케이크와 빵의 차이점은?

케이크는 밀가루에 달걀, 설탕, 버터와 같은 기름과 지방, 우유와 생크림과 같은 유제품 그리고 향료를 혼합하여 만든 서양과자의 일종이다. 빵은 밀가루에 설탕, 소금, 물, 효모를 섞어서 발효시킨 후 오븐에 구워 만든 음식이다. 이 둘의 차이점은 케이크는 베이킹 소다, 베이킹파우더, 버터 또는 휘핑한 달걀 흰자를 사용하여 부풀어 오르게 하지만, 빵은 효모를 사용하여 부풀린다.
우리는 보통 케이크도 빵이라고 생각하지만, 일본에서는 케이크를 빵이라고 인식하지 않는다. 그래서 자연스럽게 케이크 가게와 빵 가게로 나뉜다.

그럼 어디에서 사야하나?

빵은 빵야(パン屋), 케이크는 케키야(ケーキ屋)에서 구입할 수 있다. 빵 가게나 케이크 가게는 체인점이 아닌 개인이 운영하는 곳이 많다. 케이크 가게에서는 케이크 외에도 쿠키나 양과자 등을 판매한다. 하지만, 저렴하게 먹고 싶다면 편의점이나 슈퍼에서도 구입이 가능하다.

문법 체크 2

mp3 58

4 가족 명칭(호칭)

자신의 가족을 말할 때와 남의 가족을 말할 때 쓰는 호칭이 다르다.

	자신의 가족을 말할 때	남의 가족을 말할 때 (자신의 가족을 부를 때)
할아버지	そふ	おじいさん
할머니	そぼ	おばあさん
아빠(아버지)	ちち	おとうさん
엄마(어머니)	はは	おかあさん
언니, 누나	あね	おねえさん
오빠, 형	あに	おにいさん
여동생	いもうと	いもうとさん
남동생	おとうと	おとうとさん

+ あれは おとうさんの しゃしんですか。
+ あれが ちちの しゃしんです。
+ おにいさんは どこですか。

TIP
화자가 자신의 가족 중, 여동생과 남동생을 직접 부를 때는 우리와 마찬가지로 이름을 부른다.

5 います / いません 있습니다/없습니다

사람이나 동물 등의 존재 유무를 나타내는 표현이다. 사물이나 식물에는 사용할 수 없다.

+ 部屋(へや)には 弟(おとうと)と 妹(いもうと)が います。
+ 友(とも)だちの 家(いえ)には かわいい 犬(いぬ)が います。
+ 私(わたし)には 姉(あね)が いません。でも 兄(あに)が います。

部屋(へや) 방　家(いえ) 집　～には ~에는, ~에게는

회화 2

mp3 59

ぼくには 兄(あに)が います。

서로의 가족 구성원에 대해서 이야기 나누고 있다.

めぐみ　私(わたし)には 姉(あね)と 弟(おとうと)が います。

テホ　じゃあ、3人(にん) 兄弟(きょうだい)ですか。

めぐみ　はい。テホさんは？

テホ　ぼくには 兄(あに)が います。

ジヘ　お兄(にい)さんが ひとりですか。

テホ　いいえ、ふたり います。

ジヘ　じゃあ テホさんも 3人(にん) 兄弟(きょうだい)ですね。
私(わたし)には 兄弟(きょうだい)が いません。

문형 연습 2

兄(あに) / ふたり → 兄(あに)が ふたり います。

1) 姉(あね) / ひとり → ______が ______ います。

2) 妹(いもうと) / ふたり → ______が ______ います。

3) 弟(おとうと) / 3人(にん) → ______が ______ います。

お兄(にい)さん / 兄(あに)

A お兄(にい)さんは いますか。

B いいえ、兄(あに)は いません。

4) お姉(ねえ)さん / 姉(あね)

A ______は いますか。

B いいえ、______は いません。

5) 妹(いもうと)さん / 妹(いもうと)

A ______は いますか。

B いいえ、______は いません。

6) 弟(おとうと)さん / 弟(おとうと)

A ______は いますか。

B いいえ、______は いません。

연습 문제

1 다음 내용을 잘 듣고 밑줄 친 곳에 알맞은 말을 써 보세요. mp3 60

Ⓐ 私(わたし)には ________ と ____________ が います。

Ⓑ じゃあ 3人(にん) ____________ ですね。

2 다음 보기와 같이 주어진 단어를 활용해 말해 보세요.

보기

すみません。コーラ ふたつ ください。

1) コーヒー / ひとつ

2) ナイフ / 一本(いっぽん)

3) りんご / やっつ

4) チケット / ななまい

보기

Ⓐ 家(いえ)に だれか いますか。

Ⓑ はい、妹(いもうと)が います。

5) 父(ちち)

6) 母(はは)

7) 姉(あね)

8) 弟(おとうと)

3 다음 대화의 ____에 들어갈 알맞은 말을 써 보세요.

1) チョコケーキを ________ ____________。
두 개 / 주세요

2) 私(わたし) ________ ________ が ________ います。
~에게는 / 여동생 / 한 명

3) 兄弟(きょうだい)は ____________。
없습니다

じゃあ 그럼, 그러면　コーラ 콜라　コーヒー 커피　ナイフ 칼　りんご 사과

4 다음 대화 및 질문에 대하여 자유롭게 답해 보세요.

1) あなたには 兄弟(きょうだい)が いますか。(네/아니요)

보기

はい、妹(いもうと)が ふたり います。

➡ はい / いいえ、

---

2) 教室(きょうしつ)には 何人(なんにん) いますか。(숫자)

보기

24人(にじゅうよにん) います。

➡

---

5 내용을 읽고 ○ × 체크를 해 보세요.

1) 「います」는 사람이나 동물이 '있습니다'라는 표현으로 사용한다. ○ ×

2) 「あね」는 자신의 가족을 타인에게 말할 때 쓰는 호칭이다. ○ ×

3) 화자가 자신의 아버지를 부를 때 「おとうさん」이라고 부를 수 있다. ○ ×

4) 「いません」은 「いまない」로 바꿔 쓸 수 있다. ○ ×

5) 「~ください」는 '주세요'라는 의미이지만, 명령어에 가까운 의뢰 표현이기 때문에 윗사람에게 정중하게 말할 때는 사용하지 않는 편이 좋다. ○ ×

일본

여행지 음식

일본 4대 라멘(ラーメン)

미소라멘(味噌(みそ)ラーメン)

미소라멘은 남녀노소를 불문하고 모든 사람이 좋아하는 대중적인 맛의 라멘이다. 미소라멘으로는 삿포로 라멘이 가장 유명한데, 버터와 마늘향이 베인 진한 미소된장과 돼지고기, 채소를 함께 넣어 푹 삶은 따끈한 국물이 일품인 요리이다.

시오라멘(塩(しお)ラーメン)

시오라멘은 소금으로 육수의 간을 한 깔끔한 맛을 자랑하는 라멘이다. 육수는 돼지뼈나 해산물 등의 재료를 사용하기도 하지만, 일반적으로 닭뼈와 어패류, 채소를 삶아 우려낸다. 돼지뼈를 강한 불에 오랜 시간 우려내 국물이 진한 돈코츠 라멘과 달리 맑은 국물이 특징이다. 면은 소금간이 잘 스며들도록 곧고 얇은 면을 사용한다.

쇼유라멘(醤油(しょうゆ)ラーメン)

쇼유라멘은 간장을 베이스로 각종 재료를 첨가하여 만든 라멘이다. 돼지고기로 만드는 차슈(チャーシュー)를 조릴 때, 사용한 간장을 활용하기도 한다. 여기서 차슈는 돼지고기를 향신료로 양념해 바비큐 형식으로 구워 얇게 썬 것을 말한다. 쇼유라멘은 깊은 간장의 향과 맛을 느낄 수 있는 라멘이다.

돈코츠라멘(豚骨(とんこつ)ラーメン)

돈코츠는 '돼지뼈'라는 말이다. 돈코츠라멘은 후쿠오카에서 시작되었으며 돼지 등뼈와 사골을 강한 불에 오랜 시간 푹 끓여 국물이 진하다.

UNIT

08

내일 만나요

학습 포인트

- 동사 종류(1그룹, 2그룹, 3그룹)
- 동사의 정중한 긍정표현
- 동사의 정중한 의문표현
- 동사의 정중한 과거표현
- 동사의 정중한 부정표현
- 동사의 정중한 권유표현

학습 내용

음성 듣기

- 行く(1그룹), 食べる(2그룹), する(3그룹)
- 明日は 友だちと あそびます。
  내일은 친구와 놀 거예요.
- どこに 行きますか。
  어디에 가나요?
- 人が いっぱい いました。
  사람이 많이 있었어요.
- 来週は どこにも 行きません。
  다음 주는 아무 데도 안 가요.
- いっしょに 映画を 見ませんか。
  같이 영화를 보지 않을래요?

문법 체크 1

mp3 61

1 동사 종류

일본어의 모든 동사는 어미가 [u] 음으로 끝난다.

동사 종류		정중한 긍정표현 만들기
1그룹 동사	「-る」로 끝나지 않는 모든 동사 「-る」로 끝나는 동사 중, 「る」 앞의 글자가 い단 또는 え단이 아닌 동사	어미를 い단으로 바꾸고 「ます」를 붙인다.
2그룹 동사	「-る」로 끝나는 동사 중, 「る」 앞의 글자가 い단 또는 え단인 동사	「る」를 없애고 「ます」를 붙인다.
3그룹 동사	「する」와 「くる」	「する」는 「します」 「くる」는 「きます」

TIP

기본형이 2그룹처럼 보이는 예외 1그룹 동사도 있다. ex) 帰(かえ)る, 切(き)る, 入(はい)る, 知(し)る, 走(はし)る 등

2 동사의 정중한 긍정표현 ~(합)니다, ~(할) 겁니다

동사에 「ます」를 붙이면 정중한 긍정표현이 된다. 이때 동사의 어미가 변한 형태를 동사의 ます형이라고 한다. 현재 또는 가까운 미래를 나타낸다.

+ 歌(うた)を 歌(うた)います。
+ コーラを 飲(の)みます。
+ 私(わたし)は 沖縄(おきなわ)に 行(い)きます。

3 동사의 정중한 의문표현 ~(합)니까? ~(할) 겁니까?

「ます」에 의문 조사인 「か」를 붙여서 「ますか」를 만들면 정중한 의문표현이 된다.

+ いっしょに 行(い)きますか。
+ うどんを 食(た)べますか。
+ よく 映画(えいが)を 見(み)ますか。

する 하다　くる 오다　帰(かえ)る 돌아가(오)다　切(き)る 자르다　入(はい)る 들어가(오)다　知(し)る 알다
走(はし)る 달리다　歌(うた) 노래　歌(うた)う 부르다, 노래하다　飲(の)む 마시다　沖縄(おきなわ) 오키나와(지명)　行(い)く 가다
いっしょに 함께　うどん 우동　よく 자주, 잘　映画(えいが) 영화　見(み)る 보다

회화 1

mp3 62

明日(あした) 何(なに)を しますか。

지혜와 메구미는 내일 친구와 만나는 내용을 공유하고 있다.

ジヘ　明日(あした)は 友(とも)だちと 遊(あそ)びます。

めぐみ　そうですか。どこに 行(い)きますか。

ジヘ　はらじゅくに 行(い)きます。

めぐみ　はらじゅく？ あそこは クレープが 有名(ゆうめい)ですよ。

ジヘ　クレープ！ ぜったい 食(た)べます。
めぐみさんは 明日(あした) 何(なに)を しますか。

めぐみ　私(わたし)も 友(とも)だちに 会(あ)います。

ジヘ　どこで 会(あ)いますか。

めぐみ　家(いえ)に 友(とも)だちが 来(き)ます。

明日(あした) 내일　遊(あそ)ぶ 놀다　はらじゅく 하라주쿠(지명)　クレープ 크레이프(음식)
有名(ゆうめい)だ 유명하다　ぜったい 절대, 꼭　何(なに) 무엇　会(あ)う 만나다　来(く)る 오다

▶ 조사 「に」 '~에', '~으로' 등의 뜻으로, 존재하는 장소, 공간, 방향을 나타낼 때 사용한다. 「会(あ)う, 乗(の)る(타다), 似(に)る(닮다)」 등의 동사 앞에 오는 조사 「に」는 '~을/를'로 해석된다.

문형 연습 1

クレープ / 食(た)べる → クレープを 食(た)べます。

1) 本(ほん) / 読(よ)む → ______________ を ______________。

2) テレビ / 見(み)る → ______________ を ______________。

3) サッカー / する → ______________ を ______________。

する / サッカー

Ⓐ 明日(あした)は 何(なに)を しますか。

Ⓑ サッカーを します。

4) 食(た)べる / 牛丼(ぎゅうどん)

Ⓐ 明日(あした)の ランチは 何(なに)を ______________。

Ⓑ ______________ を ______________。

5) 歌(うた)う / J-POP

Ⓐ 今晩(こんばん)は 何(なに)を ______________。

Ⓑ ______________ を ______________。

6) 練習(れんしゅう)する / テニス

Ⓐ 明日(あした)は 何(なに)を ______________。

Ⓑ ______________ を ______________。

読(よ)む 읽다　テレビ TV, 텔레비전　サッカー 축구　牛丼(ぎゅうどん) 소고기덮밥　ランチ 점심 (식사)
今晩(こんばん) 오늘 밤　J-POP(ジェー ポップ) 제이팝(일본 음악)　練習(れんしゅう)する 연습하다　テニス 테니스

일본 문화 이야기

일본의 대표 테마파크

후지큐 하이랜드(富士急ハイランド)

1968년 개장한 후지큐 하이랜드는 후지산 근교에 위치한 역사가 오래된 놀이공원이며, 롤러코스터 종류만 7가지이다. 세계에서 가장 빠르고 가장 높은 롤러코스터(시속 172km)를 즐길 수 있다.

도쿄 디즈니랜드(東京ディズニーランド)

1983년에 미국의 디즈니랜드를 재현하여 만든 놀이공원으로, 32개의 다양한 테마로 구성되어 있다. 일본 디즈니랜드에는 32개의 시설 가운데 특별히 2개는 일본 관객을 위하여 새로 개발한 것이다. 대표적인 볼거리로는 20세기 초 미국 거리를 그대로 옮겨놓은 월드 바자(world bazaar)가 유명하다. 이곳에서 미키마우스, 도널드덕과 같은 디즈니의 인기 캐릭터 상품을 구매할 수 있으며 서부 시대 인디언과 보안관이 등장하는 테마파크도 있다.

오사카 유니버셜 스튜디오 재팬(ユニバーサル・スタジオ・ジャパン)

아시아 최초의 오사카 유니버셜 스튜디어 재팬(USJ)은 2001년 봄에 개장한 일본의 대표 테마파크이다. 거장 스티븐 스필버그 감독이 고문을 맡아 할리우드 유명 영화들을 테마로 제작한 어트랙션(공연물)과 다양한 볼거리가 있는 곳이다. 특히, 슈퍼마리오, 해리포터, 미니언즈, 쥬라기공원 등의 테마가 인기가 높다.

나가사키 하우스텐보스(ハウステンボス)

1992년, 자연과 인간의 공존을 테마로 하여 17세기 네델란드 거리를 그대로 재현해 놓았다. 하우스텐보스는 네덜란드어로 '숲속의 집'이라는 뜻이며, 일본에서 가장 많은 꽃을 볼 수 있는 테마파크이다.

문법 체크 2

mp3 63

4 동사의 정중한 과거표현 ~(했)습니다

「～ました」는 「～ます」의 과거표현이다.

+ 今日(きょう)は 海(うみ)で 泳(およ)ぎました。
+ 昨日(きのう)は たこ焼(や)きを 作(つく)りました。
+ コンビニで 何(なに)を 買(か)いましたか。

5 동사의 정중한 부정표현 ~(하)지 않습니다, ~(하)지 않을 겁니다

동사 ます형에 「～ません」을 연결하면 정중한 부정표현이 된다.

+ お酒(さけ)は あまり 飲(の)みません。
+ 私(わたし)は タバコを 吸(す)いません。
+ 明日(あした)から 明後日(あさって)まで 何(なに)も 食(た)べません。

6 동사의 정중한 권유표현 ~(하)지 않겠습니까?

동사 ます형에 「～ませんか」를 연결하면 무언가를 정중하게 권유하는 표현이 된다.

+ 東京(とうきょう)に 行(い)きませんか。
+ 私(わたし)と いっしょに 音楽(おんがく)を 聞(き)きませんか。
+ 毎日(まいにち)、公園(こうえん)で 運動(うんどう)を しませんか。

TIP

「～ましょう」는 상대에게 적극적으로 무언가를 권유하거나 요구할 때 사용한다.
ex) そろそろ 行(い)きましょう。

海(うみ) 바다 泳(およ)ぐ 헤엄치다 作(つく)る 만들다 買(か)う 사다 お酒(さけ) 술 タバコ 담배 吸(す)う 피다
明後日(あさって) 모레 何(なに)も 아무것도 東京(とうきょう) 도쿄 音楽(おんがく) 음악 聞(き)く 듣다, 묻다 毎日(まいにち) 매일
公園(こうえん) 공원 運動(うんどう) 운동 そろそろ 슬슬

회화 2

mp3 64

来週(らいしゅう)は どこにも 行(い)きません。

태호가 메구미와 지혜에게 함께 영화를 보자고 말하고 있다.

めぐみ　はらじゅくは どうでしたか。

ジヘ　たのしかったです。

めぐみ　人(ひと)は 多(おお)かったですか。

ジヘ　はい、いっぱい いました。

テホ　ジヘさん、来週(らいしゅう)も どこかに 行(い)きますか。

ジヘ　いいえ、来週(らいしゅう)は どこにも 行(い)きません。

テホ　じゃあ、来週(らいしゅう) いっしょに 映画(えいが)を 見(み)ませんか。

ジヘ　いいですよ。

いる 있다(사람, 동물)　来週(らいしゅう) 다음 주　どこにも 어디에도, 아무 데도　どこかに 어딘가에
映画(えいが) 영화

문형 연습 2

はらじゅく / 行く(い) → 昨日(きのう)は はらじゅくに 行(い)きました。

1) 友(とも)だち / 会(あ)う → 昨日(きのう)は ______________ に ______________。

2) 家(いえ) / いる → おとといは ______________ に ______________。

タバコ / 吸(す)う → タバコを 吸(す)いません。

3) 電話(でんわ) / かける → ______________ を ______________。

4) ズボン / 買(か)う → ______________ を ______________。

映画(えいが) / 見(み)る

Ⓐ 明日(あした) 映画(えいが)を 見(み)ませんか。
Ⓑ ええ、いいですよ。

5) ラーメン / 食(た)べる

Ⓐ ______________ を ______________。

Ⓑ ええ、いいですよ。

6) 勉強(べんきょう) / する

Ⓐ としょかんで ______________ を ______________。

Ⓑ ええ、いいですよ。

電話(でんわ) 전화　かける 걸다　ズボン 바지　ラーメン 라면　ええ 네　勉強(べんきょう) 공부

연습 문제

1 다음 내용을 잘 듣고 밑줄 친 곳에 알맞은 말을 써 보세요. mp3 65

Ⓐ ＿＿＿＿＿＿ はらじゅくに 行(い)きますか。

Ⓑ いいえ、＿＿＿＿＿＿＿＿＿＿。

2 다음 보기와 같이 주어진 단어를 활용해 말해 보세요.

보기
明日(あした)は 友(とも)だちと やきゅう を します。

1) 勉強(べんきょう)　　2) サッカー　　3) ゲーム　　4) バイト

보기
Ⓐ 昨日(きのう)は 何(なに)を 食(た)べましたか。
Ⓑ 焼(や)きそばを 食(た)べました。

5) たこ焼(や)き　　6) クレープ　　7) パン　　8) ラーメン

3 다음 대화의 ＿＿ 에 들어갈 알맞은 말을 써 보세요.

1) 明日(あした)は ＿＿＿＿＿＿ に ＿＿＿＿＿＿＿＿＿。
　　　어디　　　　　　갑니까?

2) 私(わたし)は 本(ほん) ＿＿＿＿ ＿＿＿＿＿＿＿＿。
　　　~을/를　　　　읽지 않습니다

3) ＿＿＿＿＿＿ に 映画(えいが)を ＿＿＿＿＿＿＿＿＿。
　　같이　　　　　　보지 않겠습니까?

やきゅう 야구　　ゲーム 게임　　バイト 아르바이트

4 다음 대화 및 질문에 대하여 자유롭게 답해 보세요.

1) しゅうまつ どこかに 行(い)きますか。(네/아니요)

보기
はい、大学(だいがく)の としょかんに 行(い)きます。

➡ はい / いいえ、

---

2) せんしゅう 何(なに)をしましたか。

보기
友(とも)だちと 映画(えいが)を 見(み)ました。

➡

---

5 내용을 읽고 ○ × 체크를 해 보세요.

1) 1그룹 동사의 ます형은 어미 「る」를 떼면 된다. ○ ×

2) 「寝(ね)る」와 「食(た)べる」는 2그룹 동사이다. ○ ×

3) 「帰(かえ)る、切(き)る、入(はい)る」는 2그룹 동사이다. ○ ×

4) 3그룹 동사는 「する」와 「来(く)る」뿐이다. ○ ×

5) 동사 ます형에 「～ませんか」를 연결하면 무언가를 권유할 때 사용한다. ○ ×

しゅうまつ 주말　　せんしゅう 전주, 지난주

어휘 플러스

동사

mp3 66

1그룹 동사

会(あ)う	만나다	作(つく)る	만들다	売(う)る	팔다
ある	(사물, 식물 등) 있다	脱(ぬ)ぐ	벗다	買(か)う	사다
歌(うた)う	노래하다	乗(の)る	타다	待(ま)つ	기다리다
終(お)わる	끝나다	降(ふ)る	(눈,비 등) 내리다	死(し)ぬ	죽다
貸(か)す	빌려주다	遊(あそ)ぶ	놀다	なる	되다
聞(き)く	듣다, 묻다	歩(ある)く	걷다	飲(の)む	마시다
話(はな)す	이야기하다	持(も)つ	들다, 가지다	飛(と)ぶ	날다
書(か)く	쓰다	思(おも)う	생각하다	泳(およ)ぐ	수영하다

예외 1그룹 동사

帰(かえ)る	돌아가(오)다	切(き)る	자르다	要(い)る	필요하다
走(はし)る	달리다	入(はい)る	들어오(가)다	知(し)る	알다
握(にぎ)る	쥐다, 잡다	減(へ)る	줄다	滑(すべ)る	미끄러지다

2그룹 동사

起(お)きる	일어나다	落(お)ちる	떨어지다	降(お)りる	(탈것에서) 내리다
いる	(사람, 동물 등) 있다	借(か)りる	빌리다	着(き)る	입다
開(あ)ける	열다	教(おし)える	가르치다	出(で)る	나가(오)다
見(み)る	보다	食(た)べる	먹다	寝(ね)る	자다
始(はじ)める	시작하다	負(ま)ける	지다	教(おし)える	가르치다

3그룹 동사

する	하다	くる	오다	運動(うんどう)する	운동하다

동사 미니 테스트

보기 와 같이 동사의 정중한 긍정표현과 정중한 부정표현으로 써 보세요.

동사 기본형			～ます	～ません
보기	読(よ)む	읽다	読(よ)みます	読(よ)みません
1	座(すわ)る	앉다		
2	待(ま)つ	기다리다		
3	使(つか)う	사용하다		
4	降(ふ)る	(눈, 비 등) 내리다		
5	払(はら)う	지불하다		
6	遊(あそ)ぶ	놀다		
7	歌(うた)う	노래하다		
8	作(つく)る	만들다		
9	来(く)る	오다		
10	入(い)れる	넣다		
11	遅(おく)れる	늦다		
12	立(た)てる	세우다		
13	飲(の)む	마시다		
14	捨(す)てる	버리다		
15	する	하다		

일본
여행지 음식

일본의 **우동 & 소바**

우동 うどん

사누키 우동
さぬき
(讃岐うどん)

사누키는 가가와현의 옛 이름이다. 사누키 지역이 우동으로 유명해진 것은 이곳이 강수량이 적고 일조 시간이 길어서 건조한 기후에 강한 밀을 생산하는 데 유리하기 때문이다. 면발은 다른 우동 면보다 굵고 식감이 쫄깃하다.

이나니와 우동
いなにわ
(稲庭うどん)

이나니와 우동은 손으로 새끼를 꼬듯이 면을 빚는 테나이(てない, 手綯い) 제법으로 만든다. 일반 우동 면보다 가늘고 소면보다는 약간 굵고 납작하다.

미즈사와 우동
みずさわ
(水沢うどん)

미즈사와 우동은 약수와 소금을 넣은 밀가루를 발로 밟아 반죽한 후 하루나 이틀 숙성시켜 자른 다음 햇볕에서 두 번 정도에 걸쳐 반건조시켜 만든 면이다. 다른 우동 제법보다 숙성 기간이 길어 면발이 쫄깃하고 탄력이 있다.

소바 そば

도가쿠시 소바
と がくし
(戸隠そば)

도가쿠시 소바는 (메밀) 면을 삶아 찬물에 헹궈 물기를 거의 빼지 않은 채 큰 자루에 한입 크기로 다섯 개를 올려놓는다. 이는 도가쿠시 지역에 신사가 다섯 곳 있기 때문이라고 한다. 또한 김 가루를 뿌리지 않으며 매운맛이 강한 무를 곁들인다.

이즈모 소바
いずも
(出雲そば)

보통 소바는 츠유에 소바 면을 찍어서 먹지만, 이즈모소바는 츠유를 소바 면 위에 부어 섞어 먹는다. 가장 대표적인 것은 둥근 찬합 3단에 소바 등을 담아 내어놓는 와리코(わりこ, 割子)소바이다.

왕코 소바
(わんこそば)

왕코 소바에서 왕코는 목재로 만든 공기(그릇)를 뜻하는 이와테현의 방언이다. 다른 소바와 달리 먹는 방법이 독특하다. 작은 공기에 소바 면을 한입 정도 양으로 넣어 주고 손님이 공기를 비울 때마다 새로운 공기에 소바 면을 똑같은 양으로 계속 넣어 준다. 손님이 배부를 때는 공기 뚜껑을 덮어 식사가 끝났음을 알린다. 여자는 평균 30~40공기, 남자는 50~60공기 정도 먹는다고 한다.

UNIT

09

여행을 떠나요

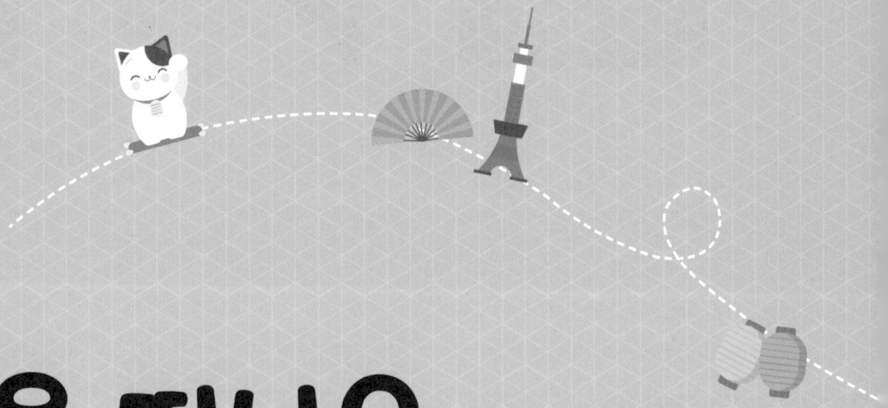

학습 포인트

- 동사의 て형
- 동사의 ます형 + たい
- 동사의 て형 + ください
- 동사의 ます형 + ましょう

학습 내용

음성 듣기

- 雪(ゆき)まつりに 行(い)って、写真(しゃしん)を 撮(と)って…
  눈 축제에 가서 사진을 찍고…
- 冬休(ふゆやす)みに りょこうに 行(い)きたいです。
  겨울 방학에 여행 가고 싶어요.
- 飛行機(ひこうき)を 予約(よやく)して ください。
  비행기를 예약해 주세요.
- じゃあ LCCに しましょう。
  그럼 LCC로 하죠.

문법 체크 1

mp3 67

1 동사의 て형 ~(하)고, ~(해)서

동사의 て형이란 동사가 「て」에 연결될 때의 어미 변화 형태로 문장을 연결할 때 사용한다.

동사 종류	어미	연결 형태	기본형		て형
1그룹 동사	う、つ、る	～って	買(か)う	사다	買(か)って
			待(ま)つ	기다리다	待(ま)って
			乗(の)る	(교통 등) 타다	乗(の)って
	ぬ、む、ぶ	～んで	死(し)ぬ	죽다	死(し)んで
			飲(の)む	마시다	飲(の)んで
			遊(あそ)ぶ	놀다	遊(あそ)んで
	く	～いて	書(か)く	쓰다	書(か)いて
	ぐ	～いで	泳(およ)ぐ	헤엄치다	泳(およ)いで
	す	～して	出(だ)す	내다	出(だ)して
2그룹 동사	る	～て	見(み)る	보다	見(み)て
			食(た)べる	먹다	食(た)べて
3그룹 동사	불규칙 활용		する	하다	して
			来(く)る	오다	来(き)て

※ 예외: 「行(い)く 가다」 → 行(い)って (O) 行(い)いて(X)

2 동사의 ます형 + たい ~(하)고 싶다

동사 ます형에 「～たい」를 연결하여 희망이나 욕구를 나타낼 때 사용한다.

+ 牛丼(ぎゅうどん)が 食(た)べたいです。
+ 水(みず)が 飲(の)みたいです。
+ 日本(にほん)で こんにゃくゼリーを 買(か)いたいです。

TIP

「～たい」 앞의 조사는 「が」뿐만 아니라 「を」도 쓸 수 있다.
또, 동사 「なる・会(あ)う・乗(の)る・行(い)く」는 「～に ～たい」로 표현한다.

先生(せんせい)に なりたいです。
友(とも)だちに 会(あ)いたい。
旅行(りょこう)に 行(い)きたいです。

水(みず) 물　こんにゃくゼリー 곤약젤리　なる 되다　先生(せんせい) 선생님　旅行(りょこう) 여행

회화 1

mp3 68

おいしい ものが 食(た)べたいです。

셋이서 겨울 방학의 여행 계획을 세우며 즐거워하고 있다.

ジヘ　冬休(ふゆやす)みに 旅行(りょこう)に 行(い)きたいです。

テホ　いいですね。ぼくも 行(い)きたいです。

めぐみ　どこに 行(い)きますか。

ジヘ　ほっかいどうに 行(い)って おいしい ものが 食(た)べたいです。

めぐみ　ほっかいどうは カニが おいしいですよ。

テホ　じゃあ まず カニを 食(た)べて 雪(ゆき)まつりに 行(い)って 写真(しゃしん)を とって それから…

めぐみ·ジヘ　ふふっ

冬休(ふゆやす)み 겨울 방학　ほっかいどう 홋카이도(지역)　カニ 게　まず 우선　雪(ゆき)まつり 눈 축제
写真(しゃしん) 사진　とる (사진) 찍다　それから 그러고 나서　ふふっ 후훗(웃음소리)

▶ もの 보통은 구체적인 사물을 대신해서 쓰이는 형식명사로 우리말로는 '~것'으로 해석된다.

문형 연습 1

食べる / 行(い)く → カニを 食(た)べて、雪(ゆき)まつりに 行(い)って…

1) 飲(の)む / 食(た)べる → コーラを ______、ハンバーガーを ______…

2) 見(み)て / 行(い)く → 大阪城(おおさかじょう)を ______、ホテルに ______…

3) する / 帰(かえ)る → 散歩(さんぽ)を ______、家(いえ)に ______…

旅行(りょこう) / 行(い)く

Ⓐ 今、何(なに)を したいですか。

Ⓑ 旅行(りょこう)に 行(い)きたいです。

4) すし / 食(た)べる

Ⓐ 今、何(なに)を したいですか。

Ⓑ ______です。

5) 彼女(かのじょ) / 会(あ)う

Ⓐ 今、何(なに)を したいですか。

Ⓑ ______です。

6) 新(あたら)しい かばん / 買(か)う

Ⓐ 今、何(なに)を したいですか。

Ⓑ ______です。

ハンバーガー 햄버거　大阪城(おおさかじょう) 오사카성　ホテル 호텔　散歩(さんぽ) 산책　すし 스시, 초밥
新(あたら)しい 새롭다

일본 문화 이야기

일본의 편의점

일본의 편의점 '콤비니(コンビニ)'는 「コンビニエンスストア convenience store」의 줄임말이다. 편의점마다 자체 브랜드를 출시해 저렴한 가격에 판매하는 스낵이 많다. 편의점에서 구입한 음식은 전자레인지 등에 데워 가기는 하지만, 한국처럼 편의점 안에서 많이 먹거나 하지는 않는 편이다. 다만 「イートイン eat + in(일본 조어)」 코너가 있는 편의점에서는 먹을 수 있다. 책, 잡지, 만화책 등의 서적류도 판매하며, 공과금 납부 서비스, 티켓 예매, 택배 서비스 등을 제공하는 곳도 있다. 그리고 편의점 내에서 화장실과 와이파이를 무료로 이용할 수 있다.

편의점별 인기 상품

L편의점

디저트 브랜드로 유명하며, 롤케이크를 비롯하여 베이커리, 아이스크림 등이 인기

S편의점

자체 브랜드로 라면, 과자, 커피 등이 인기

F편의점

즉석식품, 스낵 등이 인기

편의점 서비스 시설

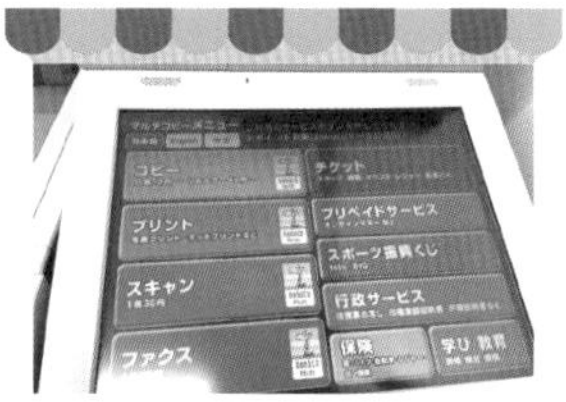

복합기

ATM

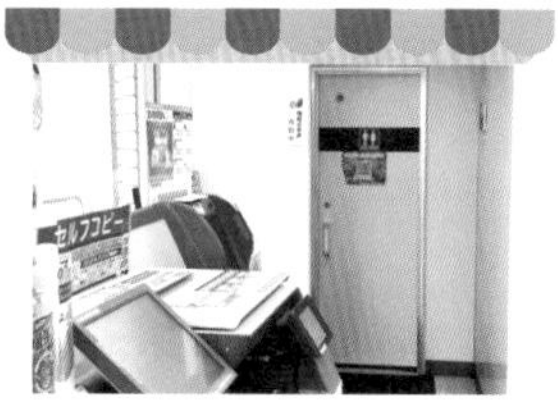

화장실 (무료 개방)

문법 체크 2

mp3 69

3 동사의 て형 + ください ~해 주세요

요구나 부탁을 이야기할 때 사용하는 표현으로, 정중하게 부탁하거나 요구할 때는 쓰지 않는 편이 좋다.

+ ゆっくり 話(はな)して ください。
+ 本(ほん)を 読(よ)んで ください。
+ 早(はや)く 来(き)て ください。

4 동사의 ます형 + ましょう ~(합)시다

동사 ます형에 연결하며, 상대방에게 적극적으로 권유나 제안할 때 사용하는 표현이다.

+ 明日(あした)、また 会(あ)いましょう。
+ ドアを 開(あ)けましょう。
+ これに しましょう。

話(はな)す 말하다　ゆっくり 천천히　早(はや)く 빨리　また 또　ドア 문　開(あ)ける 열다
(これ)に (이것)으로

회화 2

mp3 70

飛行機(ひこうき)を 予約(よやく)して ください。

저가 항공을 이용해 홋카이도로 여행갈 계획을 세우고 있다.

ジヘ　ほっかいどうまでは 飛行機(ひこうき)ですか。

めぐみ　はい、さいきんは LCCに 乗(の)る 人(ひと)が 多(おお)いです。

テホ　LCCは 安(やす)くて いいですよね。

ジヘ　じゃあ LCCに しましょう。
めぐみさん、飛行機(ひこうき)を 予約(よやく)して ください。

めぐみ　分(わ)かりました。まかせて ください。

テホ　ほっかいどうで いろいろな ところを
見(み)て回(まわ)りましょう。

飛行機(ひこうき) 비행기　予約(よやく) 예약　～までは ~까지는　さいきん 최근　多(おお)い 많다　安(やす)い 싸다
じゃあ 그럼　分(わ)かる 알다, 이해하다　まかせる 맡기다　～で ~에서(동작이 이루어지는 장소)
いろいろだ 다양하다　ところ 곳, 장소　見(み)て回(まわ)る 둘러보다

▶ LCC(Low Cost Carrier) 기내식, 기타 서비스 등을 없애거나 최소화하여 항공권 가격을 낮춘 저가 항공사
▶ 종조사「よね」'~하죠'라는 뜻으로,「よ(주장)」와「ね(확인)」가 결합된 형태이며 동의 및 공감을 요구할 때 쓴다.

문형 연습 2

予約(よやく) / する

Ⓐ 予約(よやく)を して ください。

Ⓑ はい、分(わ)かりました。

1) 予定(よてい) / 教(おし)える

Ⓐ ______________ を ______________ ください。

Ⓑ はい、分(わ)かりました。

2) タクシー / 呼(よ)ぶ

Ⓐ ______________ を ______________ ください。

Ⓑ はい、分(わ)かりました。

3) 部屋(へや) / 掃除(そうじ)する

Ⓐ ______________ を ______________ ください。

Ⓑ はい、分(わ)かりました。

旅行(りょこう) / 行(い)く → 旅行(りょこう)に 行(い)きましょう。

4) 歌(うた) / 歌(うた)う → ______________。

5) おもしろい 映画(えいが) / 見(み)る → ______________。

6) 地下鉄(ちかてつ) / 乗(の)る → ______________。

予定(よてい) 예정　教(おし)える 가르치다　タクシー 택시　呼(よ)ぶ 부르다　掃除(そうじ)する 청소하다
地下鉄(ちかてつ) 지하철

연습 문제

1 다음 내용을 잘 듣고 밑줄 친 곳에 알맞은 말을 써 보세요. mp3 71

Ⓐ ほっかいどうに ____________ カニを ____________。

Ⓑ いいですね。私(わたし)も ____________ です。

2 다음 보기와 같이 주어진 단어를 활용해 말해 보세요.

보기
これを **食(た)べ**て ください。/ これを **飲(の)ん**で ください。

1) 着(き)る　　2) 聞(き)く　　3) 切(き)る　　4) 読(よ)む

보기
Ⓐ いっしょに **行(い)き**たいです。
Ⓑ では、いっしょに **行(い)き**ましょう。

5) 見(み)る　　6) 遊(あそ)ぶ　　7) 勉強(べんきょう)する　　8) 運動(うんどう)する

3 다음 대화의 ____ 에 들어갈 알맞은 말을 써 보세요.

1) ____________ (겨울 방학) に 旅行(りょこう) ______ (~을/를) 行(い)きたいです。

2) 写真(しゃしん)を ____________ (찍고) ____________ (갑시다)。

3) ホテルを ____________ (예약해 주세요)。

4 다음 대화 및 질문에 대하여 자유롭게 답해 보세요.

1) 昨日(きのう)は 何(なに)を しましたか。

보기
掃除(そうじ)を して すぐ 寝(ね)ました。/ 福岡(ふくおか)に 行(い)って ラーメンを 食(た)べました。

➡ ---

2) 夏(なつ)やすみに 何(なに)を したいですか。

보기
大阪(おおさか)に 行(い)きたいです。/ スペイン語(ご)を 勉強(べんきょう)したいです。

➡ ---

5 내용을 읽고 ○ × 체크를 해 보세요.

1) 「~たい」 앞에 오는 동사는 ます형과 똑같이 활용된다. ○ ×

2) 3그룹 동사의 「する, くる」의 て형은 각각 「すて, くて」이다. ○ ×

3) たい형 바로 앞의 조사는 반드시 「~が」만 사용해야 된다. ○ ×

4) 「~ましょう」는 상대방에게 적극적으로 권유나 제안할 때 사용하는 표현이다. ○ ×

5) 「行(い)く」를 て형으로 변형시키면 「行(い)いて」가 된다. ○ ×

すぐ 곧, 바로　福岡(ふくおか) 후쿠오카(지명)　夏休(なつやす)み 여름 방학　スペイン語(ご) 스페인어

연습 플러스

다음은 케빈과 지혜가 주고받은 문자입니다. 내용을 보고 물음에 답해 보세요.

ケビン: 今日(きょう)は おおさかに 来(き)ました!

ジヘ: いいですね~ 私(わたし)も a. 가고 싶어요.

ケビン: さっき、どうとんぼりに 行(い)って 写真(しゃしん)を とりました。

ジヘ: ほんとうですか? その 写真(しゃしん) 送(おく)って ください。

ケビン:

ジヘ: アハハ。 いい ポーズですね!!
私(わたし)も そこで しゃしんを とりたいです。

ケビン: じゃあ 次(つぎ)は いっしょに b. 行(い)きましょう!

ジヘ: 分(わ)かりました。観光(かんこう)、楽(たの)しんで くださいね。

1) a. ______를 일본어로 써 보세요.

➡

2) 케빈은 조금 전 어디에서 무엇을 했는지 일본어로 써 보세요.

➡

3) '보내 주세요'에 해당하는 일본어를 본문에서 찾아 써 보세요.

➡

4) 다음 중 b. 行(い)きましょう와 바꿔 쓸 수 있는 표현을 고르세요.

① 行(い)きません ② 行(い)きます ③ 行(い)きませんか ④ 行(い)きました

今日(きょう) 오늘 さっき 조금 전 ほんとう 정말 送(おく)る 보내다 ポーズ 포즈 次(つぎ) 다음
観光(かんこう) 관광 楽(たの)しむ 즐기다

동사 미니 테스트

보기 와 같이 동사의 그룹을 표시하고 て형 활용과 의미를 써 보세요.

	동사	그룹	て형 ~て(で)	의미
보기	読(よ)む 읽다	1그룹	読(よ)んで	읽고, 읽어서
1	寝(ね)る			
2	待(ま)つ			
3	買(か)う			
4	死(し)ぬ			
5	乗(の)る			
6	遊(あそ)ぶ			
7	書(か)く			
8	泳(およ)ぐ			
9	来(く)る			
10	見(み)る			
11	食(た)べる			
12	出(だ)す			
13	飲(の)む			
14	送(おく)る			
15	する			

일본

여행지 음식

홋카이도 향토 음식 편

홋카이도는 사시사철 신선한 해산물을 구할 수 있다. 유명한 음식으로는 미소라멘, 카이센동, 수프 카레 그리고 양고기 요리인 징기스칸 등이 있다.

삿포로 미소라멘(札幌 味噌ラーメン)

미소라멘으로는 삿포로 라멘이 가장 유명한데, 버터와 마늘 향이 베인 진한 미소 된장과 돼지고기, 채소를 함께 넣고 푹 삶은 따끈한 국물이 일품이다.

카이센동(海鮮丼)

카이센동은 냉장 기술 등 보존 기술의 발달과 함께 1950년대 홋카이도에서 일반 쌀밥 위에 신선한 해산물을 올려 먹기 시작하면서 전국으로 퍼져 나갔다. 와사비(고추냉이)와 간장을 골고루 뿌려 먹거나 회를 간장에 따로 찍어 밥과 함께 먹는다.

징기스칸(ジンギスカン)

징기스칸은 양고기와 채소를 철판에서 조리하는 요리이다. 달콤하고 짭짤한 특제 소스에 찍어 먹으면 밥을 무한대로 먹을 수 있을 정도로 맛있다.

수프 카레(スープカレー)

일본 카레는 대체적으로 진하고 농후하지만, 홋카이도 수프 카레는 국물이 묽은 것이 특징이다. 홋카이도산의 신선한 채소와 닭고기나 돼지고기 조림인 가쿠니, 스파이시 치킨, 소고기 힘줄인 규스지 등이 들어 있어 포만감을 준다.

루이베(ルイベ)

연어나 송어 등 생선을 냉동시킨 후 해동하지 않고 회로 만들어 먹는 음식이다. 주로 하코다테와 구시로 등 홋카이도 연안부에서 계승되고 있다.

소프트 아이스크림(ソフトクリーム)

홋카이도를 방문하면 라벤더, 하스카프, 치즈 등 특유의 식재료를 결합한 소프트 아이스크림을 반드시 먹어 봐야 한다. 특히 후라노에서만 먹을 수 있는 '라벤더 소프트 아이스크림'은 부드러운 라벤더 향을 느낄 수 있다.

UNIT

10

설 연휴 계획을 세우고 있어요

학습 포인트

- 동사의 て형 + います (진행)
- 동사의 て형 + も いいですか
- 동사의 て형 + は いけません
- 동사의 ます형 + やすい

학습 내용

음성 듣기

- お正月の けいかくを 立てて います。
  설 연휴 계획을 세우고 있어요.
- いっしょに 行っても いいですか。
  같이 가도 될까요?
- 一つの ふくろに 入れては いけません。
  한 봉투에 넣어서는 안 돼요.
- この ほうが 捨てやすいですよ。
  이렇게 하는 편이 버리기 쉬워요.

문법 체크 1

mp3 72

1 동사의 て형 + います (진행) ~(하고) 있습니다

「~て いる / ~て います」는 현재 어떤 동작을 하고 있다는 '진행'을 나타낸다.

+ 雨(あめ)が 降(ふ)って います。
+ 海(うみ)で 泳(およ)いで います。
+ お好(この)み焼(や)きを 食(た)べて います。

2 동사의 て형 + も いいですか ~(해)도 됩니까?

「~ても いい」는 상대방의 행위를 허용 및 허가할 때 쓴다. 문말에 「か」를 붙이면 상대방에게 허락을 구하는 표현이 된다.

+ カードで 払(はら)っても いいですか。
+ ここで 歌(うた)を 歌(うた)っても いいですか。
+ 教室(きょうしつ)の 中(なか)に 入(はい)っても いいですか。

어휘 플러스

달력의 날짜 표현

▶ 월(月(がつ))

1월 いちがつ	2월 にがつ	3월 さんがつ	4월 しがつ	5월 ごがつ	6월 ろくがつ
7월 しちがつ	8월 はちがつ	9월 くがつ	10월 じゅうがつ	11월 じゅういちがつ	12월 じゅうにがつ

▶ 일(日(にち))

1일 ついたち	2일 ふつか	3일 みっか	4일 よっか	5일 いつか	6일 むいか
7일 なのか	8일 ようか	9일 ここのか	10일 とおか	11일 じゅういちにち	12일 じゅうににち
14일 じゅうよっか	19일 じゅうくにち	20일 はつか	24일 にじゅうよっか	29일 にじゅうくにち	31일 さんじゅういちにち

雨(あめ) 비　降(ふ)る 내리다　海(うみ) 바다　お好(この)み焼(や)き 오코노미야키　カード 카드　教室(きょうしつ) 교실
入(はい)る 들어가(오)다　払(はら)う 지불하다

회화 1

mp3 73

一緒(いっしょ)に 行(い)っても いいですか。

태호, 지혜, 메구미가 설 연휴 계획을 세우고 있다.

テホ　ジヘさん、それ 何(なん)ですか。

ジヘ　冬休(ふゆやす)みの スケジュールです。お正月(しょうがつ)の けいかくを 立(た)てて います。

めぐみ　1月(いちがつ) 2日(ふつか)、土曜日(どようび)に 近(ちか)くの 公園(こうえん)で もちつき イベントが ありますよ。

ジヘ　えっ、行(い)きたいです！

テホ　いっしょに 行(い)っても いいですか。

めぐみ　ぜひ いっしょに 行(い)きましょう。
おもち、おいしいですよ。

ジヘ·テホ　楽(たの)しみ～！

スケジュール 스케줄　お正月(しょうがつ) 정월(1월 1일), 설, 설 연휴　けいかく 계획　立(た)てる 세우다
近(ちか)く 근처　もちつき 떡 메치기(떡 만들기)　イベント 이벤트　ぜひ 부디, 꼭　おもち 떡
楽(たの)しみ 기대되네

▶ 미화어「お、ご」お正月(しょうがつ), おもち, ご飯(はん) 처럼 단어 앞에「お」나「ご」를 붙여 미화어를 만든다.

문형 연습 1

けいかく / 立(た)てる → けいかくを 立(た)てて います。

1) ご飯(はん) / 食(た)べる → ＿＿＿＿を＿＿＿＿います。

2) バイト / する → ＿＿＿＿を＿＿＿＿います。

3) ケーキ / 作(つく)る → ＿＿＿＿を＿＿＿＿います。

ゴミ / 捨(す)てる

A ゴミを 捨(す)てても いいですか。

B はい、どうぞ。

4) スマホ / 使(つか)う

A ＿＿＿＿を＿＿＿＿いいですか。

B はい、どうぞ。

5) コーラ / 飲(の)む

A ＿＿＿＿を＿＿＿＿いいですか。

B はい、どうぞ。

6) 電話(でんわ) / する

A ＿＿＿＿を＿＿＿＿いいですか。

B はい、どうぞ。

ご飯(はん) 밥, 식사　作(つく)る 만들다　ゴミ 쓰레기　使(つか)う 사용하다　電話(でんわ) 전화

일본 문화 이야기

일본의 설날

정월(お正月[しょうがつ])

일본의 설날인 양력 1월 1일을 '오쇼가츠(おしょうがつ, お正月)' 또는 '간탄(がんたん, 元旦)'이라고 한다. 또, 1월 1일부터 3일까지를 '상가니치(さんがにち, 三が日)'라고 하는데, 이는 3일 연휴인 법정 공휴일을 의미한다.

하츠모데(初詣[はつもうで])

새해 첫날, 신사에 가서 예를 올리는 것을 '하츠모데'라고 한다. 액운을 막는 물건으로 집을 장식하기도 한다.

새해 인사

'새해 복 많이 받으세요'라는 의미의 「あけまして おめでとうございます」는 1월 1일 이후에 나누는 인사이다. 새해가 되기 전에는 「よいお年[とし]を 좋은 한 해 맞으세요」라고 인사한다.

설 음식

설날(정월)에는 미리 준비해 놓은 '오세치요리(おせちりょうり, お節料理)'를 먹는다. 이날은 일본식 떡국인 '오조니(おぞうに, お雑煮)'를 먹는다. 오조니는 지역에 따라 조금씩 차이가 있다.

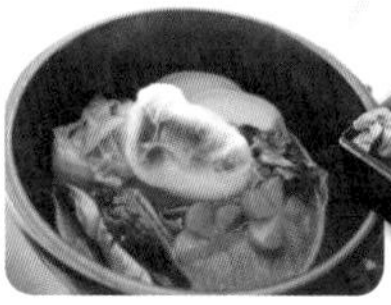

▲ 오조니

▲ 오세치요리

연하장(年賀状[ねんがじょう])

1년 동안 신세 진 분들에게 감사의 마음을 담아 연하장(ねんがじょう, 年賀状)을 보낸다. 12월에 부치면 1월 1일에 한꺼번에 배달된다. 연하장에는 복권 번호가 있어 당첨되면 상품을 받을 수 있다.

세뱃돈(お年玉[としだま])

일본에서는 세뱃돈을 '오토시다마(おとしだま, お年玉)'라고 한다. 새해를 축하하기 위해 주는 돈으로, 윗사람이 아랫사람이나 아이들에게 주는 것이 일반적이다.

문법 체크 2

mp3 74

3 동사의 て형 + は いけません ~해서는 안 됩니다

어떠한 행위를 금지하는 표현으로, 윗사람에게는 쓰지 않는다.

+ 授業(じゅぎょう)に 遅(おく)れては いけません。
+ 宿題(しゅくだい)を 忘(わす)れては いけません。
+ もう 子供(こども)じゃ ないから 泣(な)いては いけません。

4 동사의 ます형 + やすい ~하기 쉽다(편하다)

동사 ます형에 「~やすい」를 붙이면 어떠한 동작이 쉽거나 편하다는 의미를 나타낸다.

+ この 本(ほん)は 読(よ)みやすいです。
+ この ジュースは 飲(の)みやすいです。
+ あの スマホは 使(つか)いやすいです。

TIP

「~やすい 쉽다」의 반대말인 「~にくい 어렵다」를 쓰면 '~하기 어렵다(힘들다)'는 의미가 된다.
ex) この 本(ほん)は 読(よ)みにくいです。 이 책은 읽기 힘듭니다.

遅(おく)れる 늦다　宿題(しゅくだい) 숙제　忘(わす)れる 잊다　もう 이제, 곧　~から ~니까, ~기 때문에　泣(な)く 울다
ジュース 주스

회화 2

mp3 75

一つ(ひと)の ふくろに 入(い)れては いけません。

기숙사 대청소 날, 태호가 케빈에게 분리수거 방식에 대해 이야기해 주고 있다.

ジヘ　大掃除(おおそうじ) たいへんですね。

ケビン　ぼくは もう 終(お)わりました。

ジヘ　えっ、速(はや)いですね。

テホ　ちょっと ケビンさん！
何(なん)でも 一(ひと)つの ふくろに 入(い)れては いけません。

ケビン　でも、この ほうが 捨(す)てやすいですよ。

テホ　そういう 問題(もんだい)じゃ ありません。
ちゃんと 分別(ぶんべつ)して ください。

ジヘ　ケビンさん、ルールは 守(まも)りましょうね。

ふくろ 봉지, 주머니　入(い)れる 넣다　大掃除(おおそうじ) 대청소　たいへんだ 힘들다　終(お)わる 끝나다
速(はや)い 빠르다(↔ 遅(おそ)い 느리다)　ちょっと 잠깐, 이봐요(감동사)　一(ひと)つ 하나　何(なん)でも 무엇이든지, 아무거나
~ほう ~편, 쪽　捨(す)てやすい 버리기 쉽다　そういう 그러한, 그런　問題(もんだい) 문제　ちゃんと 확실히
分別(ぶんべつ) 분별, 분류　ルール 룰, 규칙　守(まも)る 지키다

문형 연습 2

大(おお)きいゴミ / 捨(す)てる → 大(おお)きいゴミは 捨(す)てやすいですか。

1) この マンション / 住(す)む → ____________ は ____________ ですか。

2) 白(しろ)い ズボン / 汚(よご)れる → ____________ は ____________ ですか。

3) 甘(あま)い メロン / 食(た)べる → ____________ は ____________ ですか。

ゴミ / 捨(す)てる

Ⓐ ゴミを 捨(す)てても いいですか。
Ⓑ いいえ、捨(す)てては いけません。

4) ここ / 座(すわ)る

Ⓐ ____________ に ____________ ても いいですか。
Ⓑ いいえ、____________ ては いけません。

5) 教科書(きょうかしょ) / メモする

Ⓐ ____________ に ____________ ても いいですか。
Ⓑ いいえ、____________ ては いけません。

6) 教室(きょうしつ) / 食(た)べる

Ⓐ ____________ で ____________ ても いいですか。
Ⓑ いいえ、____________ ては いけません。

マンション 아파트　住(す)む 살다　汚(よご)れる 더러워지다　メロン 멜론　座(すわ)る 앉다　メモ 메모

연습 문제

1 다음 내용을 잘 듣고 밑줄 친 곳에 알맞은 말을 써 보세요. mp3 76

Ⓐ 今(いま)、旅行(りょこう)の ＿＿＿＿＿＿ を ＿＿＿＿＿＿ います。

Ⓑ えっ、いっしょに ＿＿＿＿＿＿ いいですか。

2 다음 보기와 같이 주어진 단어를 활용해 말해 보세요.

보기

Ⓐ ここに 捨(す)てても いいですか。

Ⓑ いいえ、そこに 捨(す)てては いけません。

1) 書(か)く　　2) いる　　3) おく　　4) 座(すわ)る

보기

これは 読(よ)み やすいです。

5) 使(つか)う　　6) 食(た)べる　　7) 飲(の)む　　8) 見(み)る

3 다음 대화의 ＿＿에 들어갈 알맞은 말을 써 보세요.

1) ＿＿＿＿＿＿(설 연휴) の けいかくを ＿＿＿＿＿＿(세우고) います。

2) Ⓐ 電話(でんわ)を ＿＿＿＿＿＿(해도) ＿＿＿＿＿＿(됩니까?) ですか。

Ⓑ いいえ、電話(でんわ)を ＿＿＿＿＿＿(해서는 안 됩니다)。

3) この かばんは ＿＿＿＿＿＿(가벼워서) ＿＿＿＿＿＿(들기 편합니다)。

おく 두다　　軽(かる)い 가볍다　　持(も)つ 들다, 가지다

4 다음 대화 및 질문에 대하여 자유롭게 답해 보세요.

1) あなたの スマホは 使(つか)いやすいですか。(네/아니오)

보기
いいえ、あまり 使(つか)いやすく ありません。

→ はい / いいえ、

---

2) となりの 友(とも)だちは 何(なに)を して いますか。

보기
スマホを 使(つか)って います。

→

---

5 내용을 읽고 ○ × 체크를 해 보세요.

1) 「お正月(しょうがつ)」는 음력 설을 말한다. ○ ×

2) 「～ても いいですか」는 상대방에게 허락을 구하는 표현이다. ○ ×

3) 「～ては いけません」은 윗사람에게 사용해도 되는 표현이다. ○ ×

4) 동사 「読(よ)む」에 「～やすい」를 붙이면 「読(よ)むやすい」가 된다. ○ ×

5) 「食(た)べて いる」의 「～て いる」는 진행을 나타낸다. ○ ×

연습 플러스

다음은 떡 메치기(떡 만들기) 이벤트 포스터입니다. 내용을 보고 물음에 답해 보세요.

1) どこで もちつき イベントが ありますか。また、イベントは 何月何日(なんがつなんにち)ですか。

➡

2) イベントに 犬(いぬ)を つれて きても いいですか。(*つれて くる 데리고 오다)

➡

3) 포스터의 그림을 보고 흰 강아지에 대한 설명을 순서대로 배열해 일본어 문장을 완성해 보세요.

が・座(すわ)って・犬(いぬ)・白(しろ)い・うしろ・の・います・に

➡ 男(おとこ)の子(こ)

4) 포스터의 그림이 의미하는 것처럼 '쓰레기를 버려서는 안 됩니다'를 일본어로 써 보세요.

➡

동사 미니 테스트

보기 와 같이 동사를 활용하여「～て(で) いる」와「～やすい」형태로 바꿔 써 보세요.

동사			그룹	～て(で) いる	～やすい
보기	読(よ)む	읽다	1그룹	読(よ)んで いる	読(よ)みやすい
1	使(つか)う	사용하다			
2	待(ま)つ	기다리다			
3	買(か)う	사다			
4	立(た)てる	(계획) 세우다			
5	乗(の)る	타다			
6	遊(あそ)ぶ	놀다			
7	書(か)く	쓰다			
8	泳(およ)ぐ	헤엄치다			
9	払(はら)う	지불하다			
10	見(み)る	보다			
11	食(た)べる	먹다			
12	出(だ)す	내다, 제출하다			
13	飲(の)む	마시다			
14	送(おく)る	보내다			
15	する	하다			

일본

여행지 음식

오키나와 향토 음식 편

오키나와현의 나하 국제거리에 있는 '마키시 공설 시장'에 가면 일본 본토에서 맛볼 수 없는 식재료가 많다. 구입한 식재료를 가지고 매장에 가면 손질해 주는 요리를 먹을 수 있다.

고야 참푸르(ゴーヤチャンプルー)

쌉싸름한 박과의 채소인 고야(여주)를 넣어 만든 음식으로, 오키나와의 대표적인 반찬이다. '참푸르'는 '뒤죽박죽 섞다'라는 뜻이다.

모즈쿠(もずく)

오키나와를 대표하는 해조류인 모즈쿠(큰실말)는 보통 초무침을 해서 먹는데, 바다 연안 근처에서는 신선한 모즈쿠를 튀겨내 튀김으로도 자주 먹는다.

라후테(ラフテー)

오키나와에서는 돼지고기로 만든 음식이 많다. 그중 하나인 라후테는 껍질이 붙어 있는 돼지고기를 간장에 조린 요리이다. 갈비찜과 비슷한 맛으로 짭짤하면서도 달짝지근하다.

우미부도(海(うみ)ぶどう)

작은 청포도 같이 생겨 우미부도(바다 포도)라고 불린다. 식감이 뛰어나며, 맛은 일반적인 해조류와 비슷하다. 짠맛이 강하기 때문에 찬물에 담가 염분을 빼고 나서 먹어야 한다. 맛보다는 톡톡 터지는 식감이 일품이다.

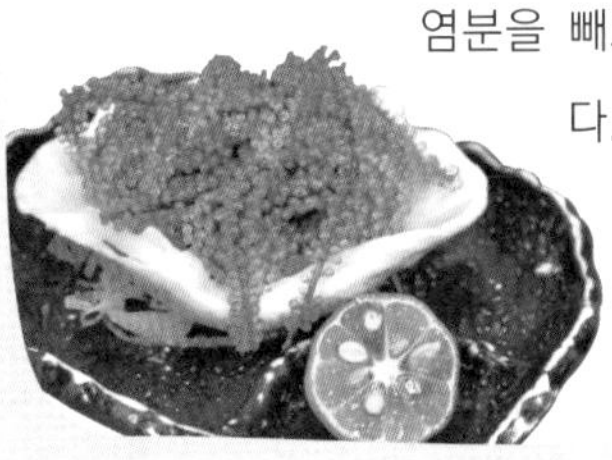

소키소바(ソーキそば)

중화면에 삶은 돼지 갈빗살(소키)을 얹은 오키나와 소바이다. 오키나와 사람들은 일반적으로 '소키'와 '소바'를 같이 먹는다. 흔히 오키나와 소바라고 하면 소키소바를 말한다.

지마미 두부(ジーマーミ豆腐(とうふ))

땅콩으로 만든 두부 요리이다. 고구마 전분이 섞여 있어 찰지고 쫀득한 맛이 난다. 두부라기보다는 떡과 비슷한 식감이다. 입안에 퍼지는 고소함을 느껴 본 사람이라면 누구나 지마미 두부의 맛에 반하게 된다.

부록

정답

회화 해석

색인

정답

UNIT 01

문형 연습 1

1) わたしは がくせいです。
2) かれは にほんじんです。
3) かのじょは イ・ジヘさんです。
4) Ⓐ はじめまして。パク・ミンスです。
どうぞ よろしく おねがいします。
Ⓑ はじめまして。なかむらです。
こちらこそ よろしく おねがいします。
5) Ⓐ はじめまして。やまだです。
どうぞ よろしく おねがいします。
Ⓑ はじめまして。イ・ハナです。
こちらこそ よろしく おねがいします。

문형 연습 2

1) きむらさんは せんせいですか。
2) あなたは かいしゃいんですか。
3) かのじょは にほんじんですか。
4) Ⓐ ジヘさんは せんぱいですか。
Ⓑ いいえ、せんぱいでは(じゃ) ありません。
5) Ⓐ にほんは はじめてですか。
Ⓑ いいえ、はじめてでは(じゃ) ありません。
6) Ⓐ ケビンさんは ちゅうごくじんですか。
Ⓑ いいえ、ちゅうごくじんでは(じゃ) ありません。

연습 문제

1 Ⓐ はじめまして。イ・ジヘです。どうぞ よろしく おねがいします。
Ⓑ すずき めぐみです。こちらこそ よろしく おねがいします。

2 1) はじめまして。わたしは キムです。
どうぞ よろしく おねがいします。
2) はじめまして。わたしは イです。
どうぞ よろしく おねがいします。
3) はじめまして。わたしは ケビンです。
どうぞ よろしく おねがいします。
4) はじめまして。わたしは たなかです。
どうぞ よろしく おねがいします。
5) Ⓐ やまださん、パクさんは せんせいですか。
Ⓑ いいえ、せんせいでは(じゃ) ありません。だいがくせいです。
6) Ⓐ やまださん、パクさんは せんせいですか。
Ⓑ いいえ、せんせいでは(じゃ) ありません。かいしゃいんです。
7) Ⓐ やまださん、パクさんは せんせいですか。
Ⓑ いいえ、せんせいでは(じゃ) ありません。バリスタです。
8) Ⓐ やまださん、パクさんは せんせいですか。
Ⓑ いいえ、せんせいでは(じゃ) ありません。かしゅです。

3 1) わたしは かんこくじんです。
2) かのじょは だいがくせいですか。
3) ジヘさんは せんせいでは(じゃ) ありません。

4 대답 예시
1) はじめまして。ハン・ユナです。
どうぞ よろしく おねがいします。
2) はい。かいしゃいんです。

いいえ、かいしゃいんでは(じゃ) ありません。シェフです。 (シェフ 셰프, 요리사)

5 1) X 2) X 3) ○ 4) ○ 5) X

UNIT 02

문형 연습 1

1) これは わたしの ジュースです。
2) それは ぼくの スマホです。
3) あれは だいがくの としょかんです。
4) Ⓐ これは なんですか。
   Ⓑ それは にほんの まんがです。
   Ⓐ あれも にほんの まんがですか。
   Ⓑ はい、あれも にほんの まんがです。
5) Ⓐ それは なんですか。
   Ⓑ これは フランスの ワインです。
   Ⓐ あれも フランスの ワインですか。
   Ⓑ いいえ、あれは フランスの ワインじゃ ありません。

문형 연습 2

1) この しんかんせんは おおさかゆきですか。
2) その カードは Suicaですか。
3) あの でんしゃは とっきゅうですか。
4) これは ラーメンで あれが そばです。
5) それは ノートパソコンで あれが タブレットです。
6) これは かれの ほんで あれが かのじょの ほんです。

연습 문제

1 テホ : それは めぐみさんの ICカードですか。
  めぐみ: この ICカードですか。はい、これは わたしの ICカードです。

2 1) これは かれの スマホじゃ ありません。
  2) これは せんせいの めがねじゃ ありません。
  3) これは あなたの ペンじゃ ありません。
  4) これは ともだちの かばんじゃ ありません。
  5) Ⓐ あれは どこゆきの しんかんせんですか。
     Ⓑ おおさかゆきの しんかんせんです。
  6) Ⓐ あれは どこゆきの しんかんせんですか。
     Ⓑ きょうとゆきの しんかんせんです。
  7) Ⓐ あれは どこゆきの しんかんせんですか。
     Ⓑ なごやゆきの しんかんせんです。
  8) Ⓐ あれは どこゆきの しんかんせんですか。
     Ⓑ ふくおかゆきの しんかんせんです。

3 1) それは なんですか。/
     これは ともだちの かばんです。
  2) あの でんしゃも ちばゆきですか。
  3) これは でんしゃで、あれは しんかんせんです。

4 대답 예시
  1) (キム가 나일 경우)
     はい。これは わたしの ペンです。/

いいえ、これは わたしの ペンでは(じゃ) ありません。
(キム가 다른 사람일 경우)
はい。これは キムさんの ペンです。/ いいえ、これは キムさんの ペンでは (じゃ) ありません。

2) あれは キムさんの かばんです。

5 1) X　2) X　3) ○　4) ○　5) X

UNIT 03

문형 연습 1

1) よんかいから ななかいまでが だんしべや です。
2) にかいから ごかいまでが びょういんです。
3) 2(に)ページから 9(く)ページまでが テストです。
4) Ⓐ じゅぎょうは なんじまでですか。
Ⓑ ごご よじまでです。
5) Ⓐ かいしゃの ランチタイムは なんじまで ですか。
Ⓑ ごご いちじまでです。
6) Ⓐ この カフェは なんじまでですか。
Ⓑ よる じゅういちじまでです。

문형 연습 2

1) おふろは しょくどうの うしろです。
2) コンビニは えきの まえです。
3) カフェは ホテルの したです。
4) Ⓐ きのうの じゅぎょうは なんじまででしたか。
Ⓑ よじ はんまででした。
5) Ⓐ おとといの かいぎは なんじまででしたか。
Ⓑ ごじ はんまででした。
6) Ⓐ きのうは なんようびでしたか。
Ⓑ どようびでした。

연습 문제

1 こんしゅうの かいぎは なんじからですか。
あさの 10(じゅう)じから 11(じゅういち)じまでですよ。

2 1) Ⓐ しょくどうは なんじからですか。
Ⓑ あさ 8(はち)じからです。
2) Ⓐ しょくどうは なんじからですか。
Ⓑ ごご 4(よ)じからです。
3) Ⓐ しょくどうは なんじからですか。
Ⓑ ごぜん 9(く)じからです。
4) Ⓐ しょくどうは なんじからですか。
Ⓑ ひる 12(じゅうに)じからです。
5) コンビニは えきの まえです。
6) コンビニは えきの うしろです。
7) コンビニは えきの なかです。
8) コンビニは えきの ひだりです。

3 1) 2(に)かいから 4(よん)かいまでが じょしべや です。
2) おとといは なんようびでしたか。
3) かいしゃは げつようびから もくようび までです。

4 대답 예시
1) よる 11(じゅういち)じです。/
もんげんは ありません。

2) ごご 4じまででした。/
ごご 6じ はんまででした。

5 1) ○ 2) ○ 3) ○ 4) ○ 5) X

UNIT 04

문형 연습 1

1) かんこくの ふゆは さむいです。
2) 大学の せいかつは たのしいです。
3) すうがくの じゅぎょうは むずかしいです。
4) Ⓐ 大学は どこですか。
Ⓑ あの 青い たてものです。
5) Ⓐ たなかさんの いえは どこですか。
Ⓑ あの 赤い やねの いえです。
6) Ⓐ あべの ハルカスは どこですか。
Ⓑ あの たかい ビルです。

문형 연습 2

1) 日本語は むずかしく ありません。
2) あの タブレットは やすく ありません。
3) この カレーは おいしく ありません。
4) Ⓐ あの にくは どうですか。
Ⓑ やわらかくて おいしいです。
5) Ⓐ かれしは どうですか。
Ⓑ やさしくて かっこいいです。
6) Ⓐ ねこは どうですか。
Ⓑ 小さくて かわいいです。

연습 문제

1 Ⓐ その ふくは 厚いですね。
Ⓑ とても 厚くて あたたかいです。

2 1) せんぱいは いそがしく ありません。
2) せんぱいは かわいく ありません。
3) せんぱいは こわく ありません。
4) せんぱいは おもしろく ありません。
5) Ⓐ ぎんこうは どこですか。
Ⓑ あの 黒くて たかい たてものです。
6) Ⓐ ぎんこうは どこですか。
Ⓑ あの 青くて たかい たてものです。
7) Ⓐ ぎんこうは どこですか。
Ⓑ あの 新しくて たかい たてものです。
8) Ⓐ ぎんこうは どこですか。
Ⓑ あの 古くて たかい たてものです。

3 1) 今日は いい 天気ですね。
2) 日本の キムチは からく ありません。
3) ぼくの かのじょは かわいくて 優しい です。

4 대답 예시
1) はい、楽しいです。/
いいえ、楽しく ありません。
2) かわいくて おもしろいです。

5 1) ○ 2) ○ 3) ○ 4) X 5) X

연습 플러스

1) キュウリ
2) ① トマト
3) いいえ、からく ありません。
4) ごぜん くじから ごご じゅうじまでです。

미니 테스트

1	優(やさ)しい	優(やさ)しくて	優(やさ)しく ありません
2	つよい	つよくて	つよく ありません
3	おおい	おおくて	おおく ありません
4	とおい	とおくて	とおく ありません
5	あまい	あまくて	あまく ありません
6	近(ちか)い	近(ちか)くて	近(ちか)く ありません
7	白(しろ)い	白(しろ)くて	白(しろ)く ありません
8	楽(たの)しい	楽(たの)しくて	楽(たの)しく ありません
9	むずかしい	むずかしくて	むずかしく ありません
10	からい	からくて	からく ありません
11	すっぱい	すっぱくて	すっぱく ありません
12	すずしい	すずしくて	すずしく ありません
13	さむい	さむくて	さむく ありません
14	暑(あつ)い	暑(あつ)くて	暑(あつ)く ありません
15	明(あか)るい	明(あか)るくて	明(あか)るく ありません

UNIT 05

문형 연습 1

1) A 何(なに)が 苦手(にがて)ですか。
   B 計算(けいさん)が 苦手(にがて)です。
2) A 何(なに)が 大事(だいじ)ですか。
   B 家族(かぞく)と 友(とも)だちが 大事(だいじ)です。
3) A 何(なに)が 得意(とくい)ですか。
   B スポーツと ダンスが 得意(とくい)です。
4) 前(まえ)は はでな 服(ふく)が きらいでした。
5) 前(まえ)は ハードな スポーツが 苦手(にがて)でした。
6) 前(まえ)は クールな 女性(じょせい)が 好(す)きでした。

문형 연습 2

1) 有名(ゆうめい)で おいしい 店(みせ)です。
2) すなおで やさしい おとうとです。
3) きれいで しずかな ホテルです。
4) A ジヘさんは ねこが 好(す)きですか。
   B いいえ、あまり 好(す)きでは(じゃ) ありません。
5) A ジヘさんは 料理(りょうり)が 得意(とくい)ですか。
   B いいえ、あまり 得意(とくい)では(じゃ) ありません。
6) ジヘさんは 絵(え)が 上手(じょうず)ですか。
   いいえ、あまり 上手(じょうず)では(じゃ) ありません。

연습 문제

1 Ⓐ テホさんが 好(す)きな アイドルの 写真(しゃしん)ですか。

Ⓑ はい。この アイドルは うたが とても 上手(じょうず)です。

2 1) Ⓐ あの ハンサムな 人(ひと)は だれですか。

Ⓑ ぼくの せんぱいです。

2) Ⓐ あの きれいな 人(ひと)は だれですか。

Ⓑ ぼくの せんぱいです。

3) Ⓐ あの ほがらかな 人(ひと)は だれですか。

Ⓑ ぼくの せんぱいです。

4) Ⓐ あの しんせつな 人(ひと)は だれですか。

Ⓑ ぼくの せんぱいです。

5) かれは ひまじゃ ありません。

6) かれは まじめじゃ ありません。

7) かれは 有名(ゆうめい)じゃ ありません。

8) かれは かわいそうじゃ ありません。

3 1) どんな うたが 好(す)きですか。

2) とても しんせつな せんぱいです。

3) あの 人(ひと)は 日本語(にほんご)が 上手(じょうず)で 英語(えいご)も 上手(じょうず)です。

4 대답 예시

1) はい、得意(とくい)です。/ いいえ、得意(とくい)では(じゃ) ありません。/ いいえ、苦手(にがて)です。

2) げんきで おもしろい 人(ひと)が 好(す)きです。

5 1) ○ 2) ○ 3) ○ 4) X 5) ○

연습 플러스

1) 好(す)きな

2) かわいくて

3) 好(す)きでした

4) ④ 好(す)きですか

미니 테스트

1	きれいだ	きれいな	きれいで	きれいじゃ ありません
2	好(す)きだ	好(す)きな	好(す)きで	好(す)きじゃ ありません
3	べんりだ	べんりな	べんりで	べんりじゃ ありません
4	かんたんだ	かんたんな	かんたんで	かんたんじゃ ありません
5	上手(じょうず)だ	上手(じょうず)な	上手(じょうず)で	上手(じょうず)じゃ ありません
6	にぎやかだ	にぎやかな	にぎやかで	にぎやかじゃ ありません
7	ひまだ	ひまな	ひまで	ひまじゃ ありません
8	すてきだ	すてきな	すてきで	すてきじゃ ありません
9	げんきだ	げんきな	げんきで	げんきじゃ ありません
10	しずかだ	しずかな	しずかで	しずかじゃ ありません
11	おしゃれだ	おしゃれな	おしゃれで	おしゃれじゃ ありません
12	大丈夫(だいじょうぶ)だ	大丈夫(だいじょうぶ)な	大丈夫(だいじょうぶ)で	大丈夫(だいじょうぶ)じゃ ありません

13	有名(ゆうめい)だ	有名(ゆうめい)な	有名(ゆうめい)で	有名(ゆうめい)じゃ ありません
14	ハンサムだ	ハンサムな	ハンサムで	ハンサムじゃ ありません
15	きらいだ	きらいな	きらいで	きらいじゃ ありません

UNIT 06

문형 연습 1

1) スーパーは あそこですか。

2) 食堂(しょくどう)は ここですか。

3) トイレは どこですか。

4) Ⓐ 駅(えき)の 近(ちか)くに 銀行(ぎんこう)は ありますか。

Ⓑ いいえ、銀行(ぎんこう)は ありません。

ATMは あります。

5) Ⓐ 財布(さいふ)に 一万円札(いちまんえんさつ)は ありますか。

Ⓑ いいえ、一万円札(いちまんえんさつ)は ありません。

五千円札(ごせんえんさつ)は あります。

6) Ⓐ 家(いえ)に こたつは ありますか。

Ⓑ いいえ、こたつは ありません。

ストーブはあります。

문형 연습 2

1) 帽子(ぼうし)が ほしかったです。

2) 気温(きおん)が 高(たか)かったです。

3) 天気(てんき)が よかったです。

4) Ⓐ あそこに 本屋(ほんや)さんが ありますよ。

Ⓑ わぁ、あの 日本語(にほんご)の 本(ほん)が ほしいです。

5) Ⓐ あそこに 花屋(はなや)さんが ありますよ。

Ⓑ わぁ、あの バラの 花(はな)が ほしいです。

6) Ⓐ あそこに 免税店(めんぜいてん)が ありますよ。

Ⓑ わぁ、あの ネックレスが ほしいです。

연습 문제

1 Ⓐ その くつ いくらでしたか。

Ⓑ これですか。7,300(ななせん さんびゃく)円(えん)でした。

2 1) Ⓐ トイレは どこですか。

Ⓑ あそこに ありますよ。

2) Ⓐ やっきょくは どこですか。

Ⓑ あそこに ありますよ。

3) Ⓐ えきは どこですか。

Ⓑ あそこに ありますよ。

4) Ⓐ コンビニは どこですか。

Ⓑ あそこに ありますよ。

5) 昨日(きのう)は とても 暑(あつ)かったです。

6) 昨日(きのう)は とても 寒(さむ)かったです。

7) 昨日(きのう)は とても すずしかったです。

8) 昨日(きのう)は とても あたたかかったです。

3 1) あそこに ぎんこうが あります。

2) くつも 帽子(ぼうし)も やすかったです。

3) この 中(なか)で 何(なに)が ほしいですか。

4 대답 예시

1) はい、ばいてんの 中(なか)に あります。/ いいえ、ありません。

2) わたしは すてきな ネックレスが ほしいです。

5 1) ○ 2) X 3) ○ 4) X 5) X

UNIT 07

문형 연습 1

1) ハンバーガーを むっつ ください。

2) チケットを にまい ください。

3) ボールペンを ろっぽん ください。

4) A 兄弟は 何人ですか。

B 4人(よにん)です。

5) A クラスメートは 何人ですか。

B 28人(にじゅうはちにん)です。

6) A 部員は 何人ですか。

B 30人(さんじゅうにん)です。

문형 연습 2

1) 姉が ひとり います。

2) 妹が ふたり います。

3) 弟が 3人 います。

4) A お姉さんは いますか。

B いいえ、姉は いません。

5) A 妹さんは いますか。

B いいえ、妹は いません。

6) A 弟さんは いますか。

B いいえ、弟は いません。

연습 문제

1 A 私には 姉と 弟が います。

B じゃあ 3人 兄弟ですね。

2 1) すみません。コーヒー ひとつ ください。

2) すみません。ナイフ 一本 ください。

3) すみません。りんご やっつ ください。

4) すみません。チケット ななまい ください。

5) A 家に だれか いますか。

B はい。父が います。

6) A 家に だれか いますか。

B はい。母が います。

7) A 家に だれか いますか。

B はい。姉が います。

8) A 家に だれか いますか。

B はい。弟が います。

3 1) チョコケーキを ふたつ ください。

2) 私には 妹が ひとり います。

3) 兄弟は いません。

4 대답 예시

1) はい、姉と 弟が います。

いいえ、兄弟は いません。

2) 教室には 何人 いますか。

15人(じゅうごにん) います。

5 1) ○ 2) ○ 3) ○ 4) X 5) ○

UNIT 08

문형 연습 1

1) 本を 読みます。

2) テレビを 見ます。

3) サッカーを します。

4) A 明日の ランチは 何を 食べますか。

B 牛丼を 食べます。

5) A 今晩は 何を 歌いますか。

B J-POPを 歌います。

6) A 明日は 何を 練習しますか。

B テニスを 練習します。

문형 연습 2

1) 昨日は 友だちに 会いました。

2) おとといは 家に いました。

3) 電話を かけません。

4) ズボンを 買いません。

5) Ⓐ ラーメンを 食べませんか。

Ⓑ ええ、いいですよ。

6) Ⓐ としょかんで 勉強を しませんか。

Ⓑ ええ、いいですよ。

연습 문제

1 Ⓐ 友だちと はらじゅくに 行きますか。

Ⓑ いいえ、はらじゅくには 行きません。

2 1) 明日は 友だちと 勉強を します。

2) 明日は 友だちと サッカーを します。

3) 明日は 友だちと ゲームを します。

4) 明日は 友だちと バイトを します。

5) Ⓐ 昨日は 何を 食べましたか。

Ⓑ たこ焼きを 食べました。

6) Ⓐ 昨日は 何を 食べましたか。

Ⓑ クレープを 食べました。

7) Ⓐ 昨日は 何を 食べましたか。

Ⓑ パンを 食べました。

8) Ⓐ 昨日は 何を 食べましたか。

Ⓑ ラーメンを 食べました。

3 1) 明日は どこに 行きますか。

2) 私は 本を 読みません。

3) いっしょに 映画を 見ませんか。

4 대답 예시

1) はい、しんじゅくの 映画館に 行きます。/ いいえ、どこにも 行きません。

(映画館 영화관)

2) 妹と 買い物を しました。 (買い物 쇼핑)

5 1) X 2) ○ 3) X 4) ○ 5) ○

미니 테스트

1	座る	座ります	座りません
2	待つ	待ちます	待ちません
3	使う	使います	使いません
4	降る	降ります	降りません
5	払う	払います	払いません
6	遊ぶ	遊びます	遊びません
7	歌う	歌います	歌いません
8	作る	作ります	作りません
9	来る	来ます	来ません
10	入れる	入れます	入れません
11	遅れる	遅れます	遅れません

12	立てる	立てます	立てません
13	飲む	飲みます	飲みません
14	捨てる	捨てます	捨てません
15	する	します	しません

UNIT 09

문형 연습 1

1) コーラを 飲んで ハンバーガーを 食べて…
2) 大阪城を 見て ホテルに 行って…
3) 散歩を して 家に 帰って…
4) A 今、何を したいですか。
   B すしが 食べたいです。
5) A 今、何を したいですか。
   B 彼女に 会いたいです。
6) A 今、何を したいですか。
   B 新しい かばんを 買いたいです。

문형 연습 2

1) A 予定を 教えて ください。
   B はい、分かりました。
2) A タクシーを 呼んで ください。
   B はい、分かりました。
3) A 部屋を 掃除して ください。
   B はい、分かりました。
4) 歌を 歌いましょう。
5) おもしろい 映画を 見ましょう。
6) 地下鉄に 乗りましょう。

연습 문제

1 A ほっかいどうに 行って カニを 食べたいです。
  B いいですね。私も 行きたいです。

2 1) これを 着て ください。
  2) これを 聞いて ください。
  3) これを 切って ください。
  4) これを 読んで ください。
  5) A いっしょに 見たいです。
     B では、いっしょに 見ましょう。
  6) A いっしょに 遊びたいです。
     B では、いっしょに 遊びましょう。
  7) A いっしょに 勉強したいです。
     B では、いっしょに 勉強しましょう。
  8) A いっしょに 運動したいです。
     B では、いっしょに 運動しましょう。

3 1) 冬休みに 旅行に 行きたいです。
  2) 写真を とって 行きましょう。
  3) ホテルを 予約して ください。

4 대답 예시
  1) バイトを して ゲームを しました。/
     電車に 乗って 明洞に 行きました。
  2) 友だちと まつりを 見たいです。/
     イタリアで スパゲティを 食べたいです。

(明洞 명동, まつり 축제)

1) ○　2) X　3) X　4) ○　5) X

연습 플러스

1) 行きたいです。

2) どうとんぼりに 行って 写真を とりました。

3) 送って ください。

4) ③ 行きませんか

미니 테스트

1	寝る	2그룹	寝て	자고, 자서
2	待つ	1그룹	待って	기다리고, 기다려서
3	買う	1그룹	買って	사고, 사서
4	死ぬ	1그룹	死んで	죽고, 죽어서
5	乗る	1그룹	乗って	타고, 타서
6	遊ぶ	1그룹	遊んで	놀고, 놀아서
7	書く	1그룹	書いて	쓰고, 써서
8	泳ぐ	1그룹	泳いで	수영하고, 수영해서
9	来る	3그룹	来て	오고, 와서
10	見る	2그룹	見て	보고, 봐서
11	食べる	2그룹	食べて	먹고, 먹어서
12	出す	1그룹	出して	내고, 내서
13	飲む	1그룹	飲んで	마시고, 마셔서
14	送る	1그룹	送って	보내고, 보내서
15	する	3그룹	して	하고, 해서

UNIT 10

문형 연습 1

1) ご飯を 食べて います。
2) バイトを して います。
3) ケーキを 作って います。
4) A スマホを 使っても いいですか。
   B はい、どうぞ。
5) A コーラを 飲んでも いいですか。
   B はい、どうぞ。
6) A 電話を しても いいですか。
   B はい、どうぞ。

문형 연습 2

1) この マンションは 住みやすいですか。
2) 白い ズボンは 汚れやすいですか。
3) 甘い メロンは 食べやすいですか。
4) A ここに 座っても いいですか。
   B いいえ、座っては いけません。
5) A 教科書に メモしても いいですか。
   B いいえ、メモしては いけません。
6) A 教室で 食べても いいですか。
   B いいえ、食べては いけません。

연습 문제

1 A 今、旅行の けいかくを 立てて います。
  B えっ、いっしょに 行っても いいですか。

2 1) A ここに 書いても いいですか。
     B いいえ、そこに 書いては いけません。
  2) A ここに いても いいですか。
     B いいえ、そこに いては いけません。
  3) A ここに おいても いいですか。
     B いいえ、そこに おいては いけません。
  4) A ここに 座っても いいですか。
     B いいえ、そこに 座っては いけません。
  5) これは 使いやすいです。
  6) これは 食べやすいです。
  7) これは 飲みやすいです。
  8) これは 見やすいです。

3 1) お正月の けいかくを 立てて います。
  2) A 電話を しても いいですか。
     B いいえ、電話を しては いけません。
  3) この かばんは 軽くて 持ちやすいです。

4 대답 예시
  1) はい、とても 使いやすいです。/
     いいえ、使いにくいです。/
     いいえ、使いづらいです。
  2) 本を 読んで います。

5 1) X 2) ○ 3) X 4) X 5) ○

연습 플러스

1) さくら 公園 / 1月 2日
2) はい、犬を つれて きても いいです。
3) 男の子の うしろに 白い 犬が 座って います。
4) ゴミを 捨てては いけません。

미니 테스트

1	使う	1그룹	使って いる	使いやすい
2	待つ	1그룹	待って いる	待ちやすい
3	買う	1그룹	買って いる	買いやすい
4	立てる	2그룹	立てて いる	立てやすい
5	乗る	1그룹	乗って いる	乗りやすい
6	遊ぶ	1그룹	遊んで いる	遊びやすい
7	書く	1그룹	書いて いる	書きやすい
8	泳ぐ	1그룹	泳いで いる	泳ぎやすい
9	払う	1그룹	払って いる	払いやすい
10	見る	2그룹	見て いる	見やすい
11	食べる	2그룹	食べて いる	食べやすい
12	出す	1그룹	出して いる	出しやすい
13	飲む	1그룹	飲んで いる	飲みやすい
14	送る	1그룹	送って いる	送りやすい
15	する	3그룹	して いる	しやすい

회화 해석

UNIT 01

회화 1 はじめまして。

메구미: 처음 뵙겠습니다.
저는 스즈키 메구미입니다.
잘 부탁드리겠습니다.
태호: 처음 뵙겠습니다.
저는 김태호입니다.
이쪽은 이지혜 씨입니다.
지혜: 처음 뵙겠습니다.
이지혜입니다.
아무쪼록 잘 부탁드리겠습니다.
메구미: 지혜 씨, 저야말로 잘 부탁드리겠습니다.

회화 2 こんにちは。

선생님: 기무라입니다.
태호 씨, 안녕하세요.
태호: 기무라 선생님, 안녕하세요.
이쪽은 이지혜 씨입니다.
지혜: 처음 뵙겠습니다. 이지혜입니다.
선생님: 지혜 씨, 태호 씨는 친구인가요?
지혜: 아니요, 친구가 아니에요. 선배입니다.

UNIT 02

회화 1 それは なんですか。

지혜: 메구미 씨, 그건 뭐예요?
메구미: 이것은 Suica예요.
태호: Suica요?
메구미: 네, 전철 IC 카드예요.
지혜: 오, 저는 티켓이에요.
태호 씨는요?
태호: 저도 티켓이에요.
지혜: 저것도 Suica예요?
메구미: 네, 저건 모바일 Suica예요.

회화 2 この でんしゃは ちばゆきです。

안내 방송: 이 전철은 치바행입니다.
태호: 메구미 씨, 이 전철이에요?
메구미: 아니요, 그 전철이 아니에요.
태호: 그럼 다음 전철인가요?
메구미: 네, 맞아요. 이 전철은 지바행이고,
다음이 도쿄행이에요.
태호: 도쿄역에서 환승하나요?
메구미: 네, 맞아요.

UNIT 03

회화 1 よんかいと ごかいは だんしべやです。

메구미: 여기가 태호 씨와 지혜 씨의 기숙사예요.
1층에서 3층까지가 여자 방(여학생 기숙사),
4층과 5층은 남자 방(남학생 기숙사)이에요.
지혜: 제 방은 몇 층인가요?
메구미: 2층이에요.
태호: 통금 시간은 몇 시인가요?
메구미: 밤 11시예요.
태호: 주말도 11시인가요?
메구미: 주말은 밤 12까지예요.

회화 2 コンセントは つくえの したです。

태호: 케빈 씨, 콘센트는 어디 있어요?
케빈: 책상 밑이요.
태호: 아, 그렇네요.
그리고 목욕탕은 어디에요?
케빈: 식당 앞이에요.
태호: 몇 시까지예요?
케빈: 10시까지예요.
태호: 앗, 어제는 8시 20분까지였어요.

케빈: 어제는 화요일로, 목욕탕 청소의 날이었어요.
태호: 아, 그렇군요. 청소 날은 8시 20분까지군요!

UNIT 04

회화 1 学校は 近いですか。

케빈: 잘 다녀와요!
태호, 지혜: 다녀올게요.
메구미: 태호 씨, 지혜 씨, 안녕하세요.
태호, 지혜: 안녕하세요.
메구미: 오늘은 날씨가 좋네요.
지혜: 그렇네요. 학교는 가깝나요?
메구미: 네, 가까워요.
지혜: 저건가요?
메구미: 아니요, 저 하얀 건물이에요.
태호: 와, 진짜 가깝다!

회화 2 日本の キムチは からく ありません。

지혜: 식당 밥은 어때요?
메구미: 맛있고 양도 많아요.
태호: 오늘 점심(밥)은 뭐예요?
메구미: 고기 감자조림과 된장국이에요. 그리고 김치!
지혜: 김치요? 근데 일본 김치는 맵지 않죠?
메구미: 아, 그런가요? 한국의 김치는 맵나요?
지혜: 네, 매워요.
태호: 맵고 약간 시큼해요.

UNIT 05

회화 1 好きな アイドルの しゃしんです。

메구미: 그건 누구 사진이에요?
태호: 제가 좋아하는 아이돌 사진이에요.
메구미: 귀엽네요. 한국 아이돌인가요?
태호: 네, 맞아요. 노래를 아주 잘해요.
메구미: 태호 씨는 어떤 노래를 좋아해요?
태호: 저는 전에는 조용한 발라드를 좋아했어요. 하지만 지금은 록을 좋아해요. 메구미 씨는요?
메구미: 저는 랩을 좋아해요.

회화 2 みんな しんせつで やさしいです。

메구미: 지혜 씨, 굉장하네요! 기타 잘 치네요.
지혜: 아니요, 아직 멀었어요.
메구미: 혹시 밴드 동아리?
지혜: 네, 한국에서 밴드부였어요.
태호: 저도 밴드부였어요.
메구미: 실은 저도요. 지혜 씨, 태호 씨, 일본에서도 밴드 동아리 어때요?
지혜: 좋네요. 근데 저는 별로 잘하지 못해요.
메구미: 괜찮아요. 동아리 선배는 모두 친절하고 상냥하니까요.

UNIT 06

회화 1 この 階には ありません。

태호: 지혜 씨, 작문 교과서는 얼마였어요?
지혜: 1,500엔이었어요.
태호: 에? 1,700엔이 아닌가요?
메구미: 학교 매점은 할인이 있어요.

태호: 정말요? 매점은 어디예요?
메구미: 이 층에는 없어요.
1층에 있어요.

회화 2 ざっしも やすかったです。

태호: 교과서도 잡지도 저렴했어요.
메구미: 잘됐네요.
지혜: 그게 잡지인가요?
태호: 네. 이거 제가 좋아하는 패션 잡지예요.
메구미: 아, 그 잡지 저도 좋아해요.
지혜: 그 중에서 무엇을 갖고 싶나요?
태호: 이 신발을 갖고 싶어요.
지혜 씨는 무엇을 갖고 싶어요?
지혜: 저는 그 모자를 갖고 싶어요.

UNIT 07

회화 1 いちごケーキを みっつ ください。

메구미: 저기요, 초코 케이크 하나와 치즈 케이크 두 개와 딸기 케이크를 세 개 주세요.
점원: 네.
지혜: 오, 그렇게나 많이…?
메구미: 네. 우리는 5인 가족이라서요.
지혜: 근데 전부 여섯 개예요.
메구미: 두 개는 제 몫이에요.
점원: 오래 기다리셨습니다.
여기 케이크 여섯 개입니다.
메구미: 감사합니다.

회화 2 ぼくには 兄が います。

메구미: 저에게는 언니와 남동생이 있어요.
태호: 그럼 형제가 세 명인가요?
메구미: 네. 태호 씨는요?
태호: 저에게는 형이 있어요.
지혜: 형이 한 명인가요?
태호: 아니요, 두 명 있어요.
지혜: 그럼 태호 씨도 형제가 세 명이군요.
저에게는 형제가 없어요.

UNIT 08

회화 1 明日 何を しますか。

지혜: 내일은 친구와 놀 거예요.
메구미: 그래요? 어디에 가나요?
지혜: 하라주쿠에 가요.
메구미: 하라주쿠? 거기는 크레이프가 유명해요.
지혜: 크레이프! 꼭 먹을 거예요.
메구미 씨는 내일 뭘 해요?
메구미: 저도 친구를 만나요.
지혜: 어디에서 만나요?
메구미: 집으로 친구가 와요.

회화 2 来週は どこにも 行きません。

메구미: 하라주쿠는 어땠어요?
지혜: 즐거웠어요.
메구미: 사람은 많았나요?
지혜: 네, 많이 있었어요.
태호: 지혜 씨, 다음 주도 어딘가에 가나요?
지혜: 아니요. 다음 주는 아무 데도 안 가요.
태호: 그럼, 다음 주 같이 영화를 보지 않을래요?
지혜: 좋아요.

UNIT 09

회화 1 おいしい ものが 食べたいです。

지혜: 겨울 방학에 여행을 가고 싶어요.
태호: 좋네요. 저도 가고 싶어요.
메구미: 어디로 갈 거예요?
지혜: 홋카이도에 가서 맛있는 것을 먹고 싶어요.
메구미: 홋카이도는 게가 맛있어요.
태호: 그럼 먼저 게를 먹고 눈 축제에 가서 사진을 찍고 그리고…
메구미, 지혜: 후훗 ^^

회화 2 飛行機を 予約して ください。

지혜: 홋카이도까지는 비행기인가요?
메구미: 네. 최근에는 LCC(저가 항공)를 타는 사람이 많아요.
태호: LCC는 저렴하고 좋죠.
지혜: 그럼 LCC로 하죠.
메구미 씨, 비행기를 예약해 주세요.
메구미: 알겠습니다. 맡겨 주세요.
태호: 홋카이도에서 다양한 곳을 구경하고 다니죠.

UNIT 10

회화 1 一緒に 行っても いいですか。

태호: 지혜 씨, 그거 뭐예요?
지혜: 겨울 방학 스케줄이에요.
설 연휴 계획을 세우고 있어요.
메구미: 1월 2일, 토요일에 근처 공원에서 떡 메치기(떡 만들기) 이벤트가 있어요.
지혜: 오, 가고 싶어요!
태호: 같이 가도 될까요?
메구미: 꼭 같이 가요. 떡, 맛있어요.
태호, 지혜: 기대돼요~!

회화 2 一つの ふくろに 入れては いけません。

지혜: 대청소 힘드네요.
케빈: 저는 이미 끝났어요.
지혜: 와~ 빠르군요.
태호: 잠깐, 케빈 씨!
아무거나 한 봉투에 넣어서는 안 돼요.
케빈: 하지만, 이렇게 하는 편이 버리기 쉬워요.
태호: 그런 문제가 아니에요.
제대로 분류(분리수거)해 주세요.
지혜: 케빈 씨, 규칙은 지킵시다.

색인

ひ

ふ

へ

わ

초판인쇄 2024년 3월 11일
초판발행 2024년 3월 25일

저자 정의상, 이세호, 노자키 모모코
편집 조은형, 김성은, 오은정, 무라야마 토시오
펴낸이 엄태상
디자인 이건화
조판 이서영
콘텐츠 제작 김선웅, 장형진
마케팅본부 이승욱, 왕성석, 노원준, 조성민, 이선민
경영기획 조성근, 최성훈, 김다미, 최수진, 오희연
물류 정종진, 윤덕현, 신승진, 구윤주

펴낸곳 시사일본어사(시사북스)
주소 서울시 종로구 자하문로 300 시사빌딩
주문 및 문의 1588-1582
팩스 0502-989-9592
홈페이지 www.sisabooks.com
이메일 book_japanese@sisadream.com
등록일자 1977년 12월 24일
등록번호 제 300-2014-92호

ISBN 978-89-402-9390-4(14730)
978-89-402-9389-8(set)